なぜ日本企業に
オープンイノベーションが必要なのか?

新たなる覇者の条件

神戸大学大学院教授
尾崎弘之

日経BP社

はじめに――トヨタが再びオープンイノベーションに挑む

2014年に放映されたTBS系TVドラマ『LEADERS リーダーズ』（2017年にパート2放映）は、トヨタ自動車（以下、トヨタ）の創業者・豊田喜一郎氏をモデルにして、血の滲むような努力で日本初の国産車を開発したストーリーを描いている。

戦前、米国の自動車産業の素晴らしさを目の当たりにした愛知佐一郎（豊田喜一郎氏がモデル、佐藤浩市さん演じる）は「必ず自力で国産車を開発してみせる」と決意する。当時、車といえば欧州製・米国製など外国車しかなく、「技術がない日本が車など作れるわけがない」ということが常識だった。

佐一郎が国産の「自前主義」で製品開発することにこだわったのは、当時の日本が欧米から「下」に見られていたことに対する反発心が原動力だった。

まず、佐一郎は東京帝國大学の同級生を頼って技術指導を仰ぎ、父親が創業した愛知自動織機（豊田自動織機がモデル）から優秀な工員を選抜した。その後、彼らは米国車を分解して部品や全体構造を研究し、また組み立てて走らせることを繰り返した。

佐一郎のグループは、次第に未知の「クルマ」という製品を理解するようになった。このような分解・組み立てによって先進的な製品の構造を研究する手法は「リバースエンジニアリング」と呼ばれ、日本企業が外国企業に追いつき、追い越すための常套手段だった。その後、新興国の企業が同じ手法で日本製品をコピーして、日本企業を追い越したことは皮肉といえる。

壮大な夢を実現するために外部の力を借りる

ただ、お金をかけて自前の車を開発することにアイチ自動車工業（トヨタがモデル）社内には強い反対意見があった。その筆頭が、金庫番の石山又造（「トヨタ中興の祖」石田退三氏がモデル）だった。

また、製品開発は失敗続きで熾烈を極めた。シャフトの強度、エンジンの耐久性など課題が山積みで、完成品など夢のまた夢だった。佐一郎の理念に心酔した工員たちは不眠不休で頑張ったが、皆精神的に追い込まれて行く。

同時に、佐一郎は社外に協力者を探し、その過程で大島商会社長の大島磯吉（小島プレス工業創業者の小島濱吉氏がモデル）と出会った。

大島は、エンジン周辺の金属部品の改良を提案する。そこで、佐一郎はふと「自分たちで手に負えないところは積極的に外部の人に頼ればよい。自分の工員たちを信頼するかどうかは別問題だ」ということに気付く。彼は自前主義の限界を悟ったわけだ。

自社工員たちは優秀といっても、自動車を作った経験がなく、所詮「機屋」だった（当時、トヨタもそう呼ばれた）。ところが、プレス屋の大島には機屋が持たないノウハウがあった。

ただ、自動車は極めて多くの部品が必要で（現在は3万点に上る）、大島ひとりの手に負えるものではなかった。そこで、彼は愛知県の町工場を集め、「日本初の国産車を作る」を旗印に、パートナー企業のグループを立ち上げた。ドラマ中では『協愛会』と命名されたが、１９４３年に結成された『協豊会』というトヨタのパートナー企業グループがモデルである。２０１８年5月現在、協豊会には２２７社の協力企業が加盟している。

紆余曲折を経てアイチ自動車は国産車の開発に成功して、販売パートナーとの運命的な出会いを経て、そこから二人三脚で夢を追うところでドラマは終わる。

イノベーション実現のためのプロセス

トヨタ創業時の成功物語は、今の日本企業にとって大昔の「神話」に近い話といえる。約80年前、同社は町工場からスタートして飛躍的な成長を続け、現在、売上高30兆円に迫る巨大企業になった。21世紀にこの神話を聞いても、ピンと来ないのが普通だろう。

ところが、トヨタの創業ストーリーは、今でも、イノベーションを目指す際に何を行うべきか、明確なディレクションを与えてくれる。「国産車開発」という事業目的が明確になった後、５つのステップを経てイノベーションが実現されている。

① 組織をオープンにする
② 知のダイバーシティを推進する
③ あえてダブルスタンダードで進む
④ プラットフォームを進化させる
⑤ 事業出口を柔軟に探す

　豊田喜一郎氏というリーダーが事業目的を明確にした後、まず、組織をオープンにした。自分たちは自動車開発の経験がなかったので、日本ゼネラルモーターズ（ＧＭ）などから経験者をスカウトした。『中京デトロイト化構想』で自動車の試作に携わった人材も対象になった。

　次に、自動車開発のために必要な知識が融合され、知のダイバーシティが推進された。社内に研究所が作られ、帝國大学や東京工業大学から、自動車工学、熱工学、材料工学などの専門家を招いた。現在の産学連携の走りといえる。喜一郎氏は、自動車産業のことを「各方面の知識の集合によって成り立つ」と表現している。

　３番目に、自動車開発のための別組織という「ダブルスタンダード」があえて設定された。

● イノベーション実現のための5つのステップ

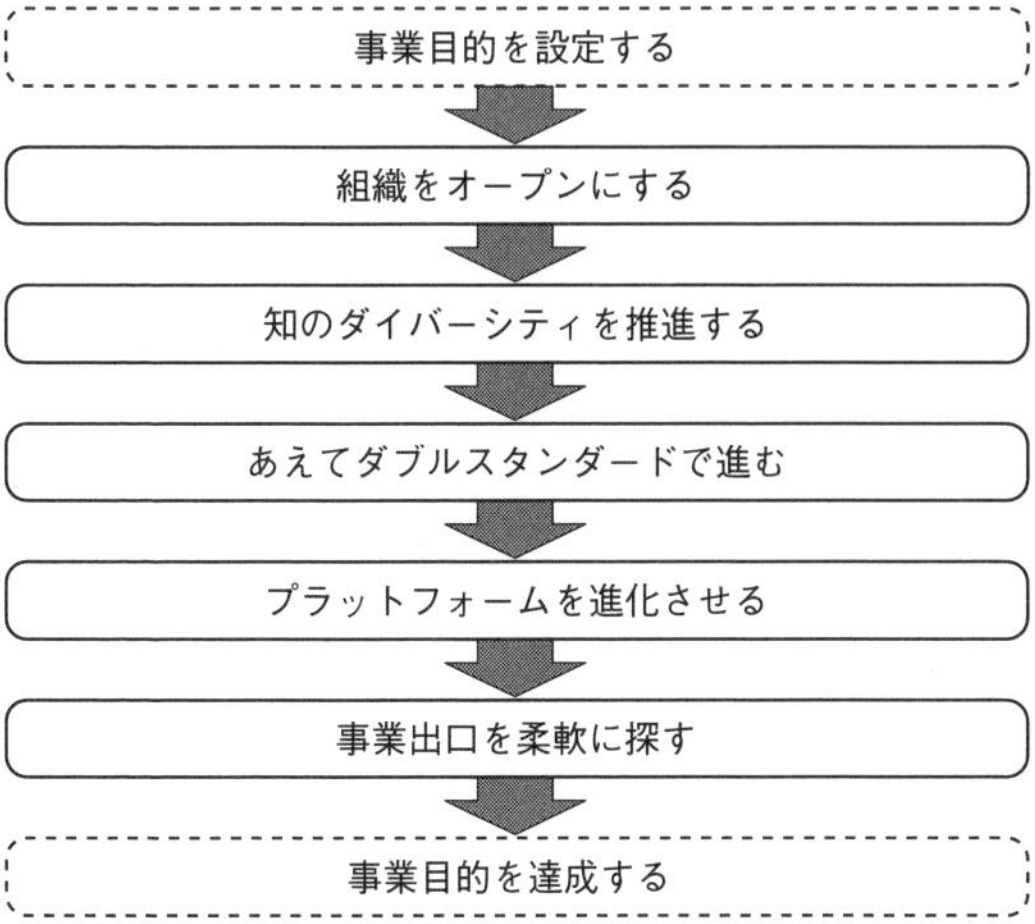
事業目的を設定する
組織をオープンにする
知のダイバーシティを推進する
あえてダブルスタンダードで進む
プラットフォームを進化させる
事業出口を柔軟に探す
事業目的を達成する

当初、喜一郎氏の父である豊田佐吉氏が設立した豊田自動織機製作所（以下、自動織機）内に、自動車部を作って開発が進められた。ただ、自動織機の本業は紡績業であり、社内に自動車という「異分子」を置くと組織が混乱する。そこで、1937年、トヨタ自動車工業という「自動車ベンチャー」が作られ、紡績業から切り離された。

4番目に、部品会社と個別に1対1の関係を作るだけでなく、部品会社同士も協力できる「場」が作られた。同社は創業時から「オープンドアポリシーに基づく公正な競争」を掲げていた。部品工場を「出入り業者」として扱うのでなく、彼らの経営が安定するようサポートすることがトヨタにとっても重要という考えである。部品会社が協力する協豊会は、現在の「プラットフォーム」の走りといえる。

最後に、事業の出口は柔軟に探索された。元々の事業目的は乗用車開発だったが、日中戦争・太平洋戦争開戦が迫り、政府・軍部の要請に応じて軍用トラック開発に力を入れた。軍用トラックは同社がやりたい事業でなかったはずだが、おかげでキャッシュフロー改善に役立っている。

これら一連のプロセスがあって初めて、喜一郎氏の事業目的が形になったことが分かる。

それから長い年月を経て、今日のトヨタは創業期とかなり違う姿になった。多くの下請け企業を従え、企業ピラミッドのトップに君臨している。その構造がトヨタの強さを支えているが、もはや部品会社とパートナーとして対等な関係を結んでいると言い難い。様々な情報を集約できるトヨタは、創業時と異なり「クローズな会社になった」という評価はある意味当たっている。

大きな変化の先駆者になる

しかし、そのトヨタでさえ、近年真剣に変わり始めている。まるで、喜一郎氏の創業時を思い出すようだ。これから、自動運転、ロボット、ＩｏＴなどの技術革新が経済構造を変えることが確実になった。自動運転車、シェアリング経済が本格的に普及すると、自動車の生産台数は減少する可能性が高い。現実にそういう時代が来ると、ピラミッドのトップにいるトヨタでさえ安泰でなくなる。

ただ、「そうは言っても、当面は現状維持で大丈夫だろう」と大半の人は考えている。ガソリン車を自宅ガレージに置いて通勤やレジャーに使う生活が、来年・再来年になくなるわけではない。しかし、そうやって課題を先送りにしていると、大きな変化の先駆者になることはできない。

先を見据えて、過去から「ジャンプした手」を打つことができるのは「経営トップ」だけだ。管理職によるボトムアップのイニシアティブでは、企業はジャンプできない。80年前、「車は外国から輸入すればよい」と誰もが考えていた時代に、国産車を開発する「夢物語」を唱えることができたのはトップの喜一郎氏だけだった。

トヨタの現在のトップである豊田章男社長は新しい「夢物語」を唱えている。2018年1月、米ラスベガスで開催された国際家電見本市（CES）において、同氏は、トヨタがクルマ社会を超えて、「モビリティ・カンパニー」に変革するというスピーチをした。しかも、これからのライバルは自動車メーカーだけでなく、「グーグル、アップル、フェイスブックといったIT企業まで想定しています」と語っている。

ここで「モビリティ・カンパニーになる」という、過去からジャンプした事業目的が設定された。ただ、自動運転、ロボット、先端素材開発は、トヨタの社内技術だけでは不十分なので、「オープン」に、大学・研究所・ベンチャー企業を巻き込んだ「知のダイバーシティ」が始まっている。

また、先端研究には不確定な要素が多いので、ミスや欠陥が許されない『トヨタ・カンバン方式』にそぐわない。そこで、米国にトヨタ・リサーチ・インスティチュート（ＴＲＩ）、国内にトヨタコネクティッドという別組織が作られ、カンバン方式と違う「ダブルスタンダード」で事業が推進されている。今後、新事業が形になれば、「プラットフォーム」の形成や「柔軟な事業出口」の探索へと進むだろう。

まさに80年前と同じプロセスを踏んでいる。

ドラマ『ＬＥＡＤＥＲＳ リーダーズ』プロデューサーを務めたＴＢＳの貴島誠一郎氏によると、制作側のタイトル原案は『ＬＥＡＤＥＲ リーダー』だった。ところが、豊田章男社長が『ＬＥＡＤＥＲ』の後に『Ｓ』を加えることにこだわり、このタイトルに落ち着いた。

また、劇中で、えなりかずきさんが演じる工員のセリフ「やりましょうよ！」が章男氏のお気に入りで、キックオフ・パーティの発声では「やりましょうよ！」と拳を上げることが常だ。

北米リコール問題で、２０１０年に米議会公聴会に喚問された時を創業以来の第二の危機とすれば、章男氏は今を「第三の危機」と捉えている。そこで、「新たな『Ｓ』」を真剣に求めている。

変革に成功する企業のプロセス管理

事業目的設定後の、「オープン」⇒「知のダイバーシティ」⇒「ダブルスタンダード」⇒「プラットフォーム」⇒「柔軟な事業出口」というプロセスは、喜一郎社長時代のような小規模組織であれば実行しやすい。ただ、組織が大きくなれば、何であれプロセス管理はうまく行かなくなる。起業家のリーダーシップで動くベンチャー企業と異なり、ある程度規模が大きくなった企業に共通する悩みだ。

皆、変革が必要と思っているのに、それによって既得権益を侵される人たちが変革のプロセスを止めることが多い。「儲かっている事業の予算を、先行きが見えない新規事業に回すことなどできない」という意見が強くなれば、「やるべきこと」でも潰される。

しかし、変革が本当に必要と思っている企業は、推進力が途切れないようにプロセス管理に工夫を凝らしている。これらの企業の内情を知ると、イノベーションのためのノウハウやナレッジが溢れていることが分かる。それらを明らかにすることが本書の目的である。

第1章から第5章まで、5つの各ステップにおいて、プロセスが円滑に進むためにどのような努力が必要か、様々な事例を紹介する。企業人にとって多くの示唆に満ちていると思われる。

筆者は２０１６年から２０１８年にかけて、51社の大企業を訪問して、各社がイノベーションを実現するためにどのような施策を進めているのか、インタビュー調査を行った。経営、企画、研究開発、マーケティングなどの分野で、合計数百人の方々から貴重なお話を聞くことができた。

本書で紹介している情報は、それらのうちごく一部に過ぎない。調査した企業の業種は網羅的でなく、もっと多面的なインタビューを行うべきだったという反省があるが、それは将来的な課題とさせていただく。

なお、本書はインタビュー内容を引用、参考にしながら執筆した部分が多いが、本文で表明している意見はあくまで筆者個人の見解であり、記載された企業または個人の見解ではないことを申し添える。

２０１８年８月

尾崎弘之

目次

第5章　事業出口を柔軟に探す

第**0**章

ジャンプするための条件

2種類のイノベーション

既存事業と新規事業

イノベーションのための最初のステップは、オープンな組織になることである。このことを話す大前提として、イノベーションの「意味」を確認しておかなければならない。世の中の企業人同士の会話を聞いていると、同じ「イノベーション」でも、人によって2種類の意味で使っていることが多いからだ。この違いを放置すると、オープンな組織になる必要性が理解できない。

　2つあるうちの1つ目のイノベーションは「既存事業のイノベーション」である。これは既に収益を生んでいる事業をベースにして、製品やサービスの改良、コスト削減などによって経済的価値を生むことである。例えば、製品の素材を10％軽量化する、生産コストを15％削減する、サービスに新しいメニューを追加して、市場シェアを5％高めるなどがある。

　2つ目は「新規事業のイノベーション」である。自社技術を使って新市場に参入する、ベンチャー企業から技術を導入して新製品・サービスを開発するなどの例がある。新規事業とは、既存事業と異なる市場・技術に「ジャンプ」することだ。

既存事業の改良と新規事業

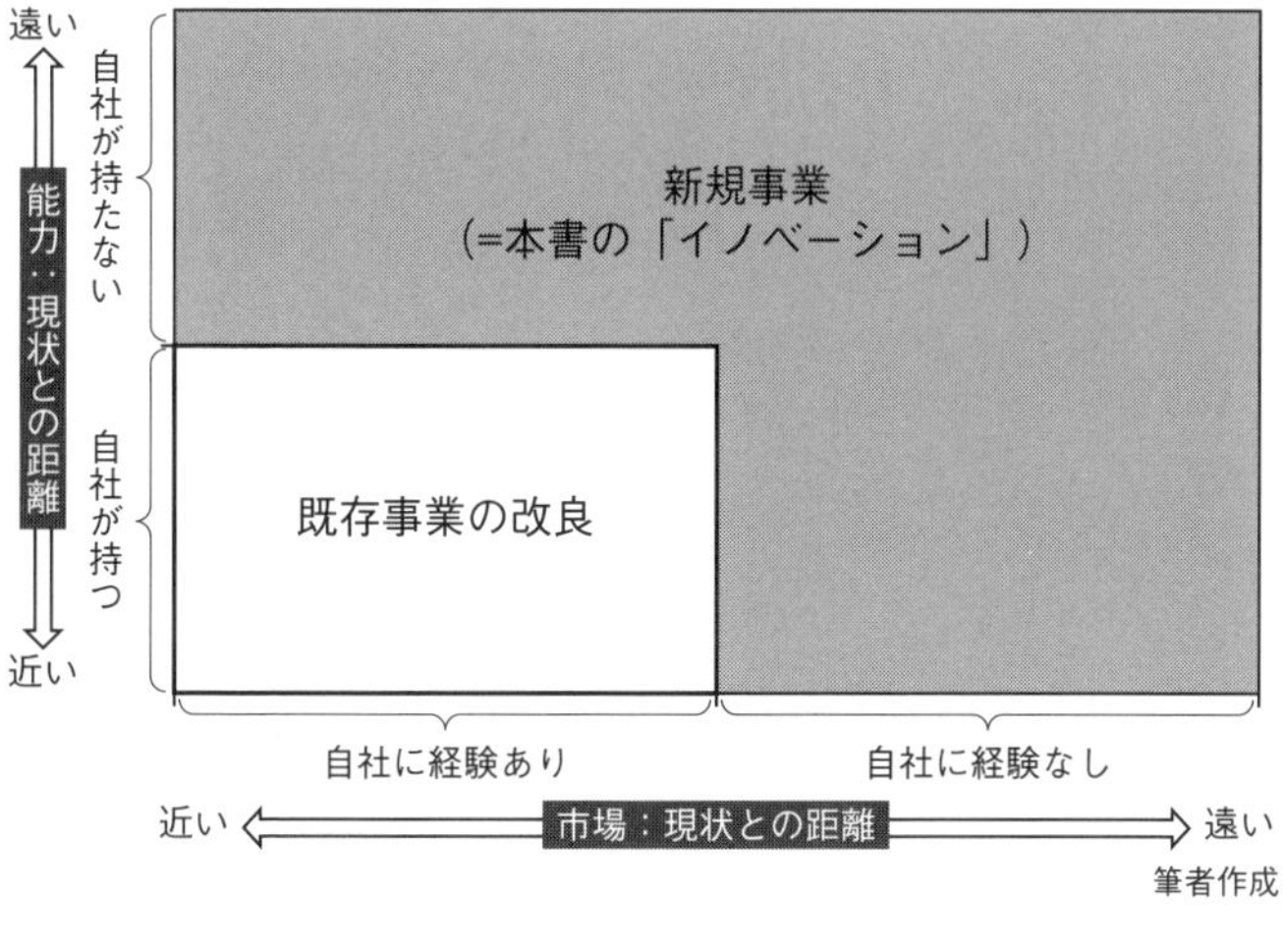

筆者作成

イノベーションの概念は、オーストリア出身の経済学者であるヨーゼフ・シュンペーターが20世紀初頭に初めて唱えた。彼の主張を現代風に要約すると次のようになる。

「イノベーションは新たな顧客価値を作り出し、経済価値を得ることである。技術革新はイノベーションの一部に過ぎず、プロセス、仕入れ、販売、流通、ビジネスモデル、価値基準、組織形態など幅広い要素を対象にしたイノベーションが存在する」

既存事業、新規事業ともに、ここで挙げる2種類のイノベーションはシュンペーターの概念に一致しており、「自分たちが行っていることはイノベーションだ」と言えば、それは間違っていない。しかし、概念上はそうでも、両者の現場や企業戦略における役割はかなり異なる。

既存事業のイノベーションは、現状の延長なので成功する確率は比較的高く、成功した時の売り上げ寄与度が大きい。投資リターン「率」は小さくても金額が大きいからである。比較的短期間で成果が表れるので、株主から数字の突き上げをくらう社長に重宝される。

既存事業を本格的に継続するか経営判断をするために、技術の優位性、市場成長力、財務リスクなどが精査され、社内で議論される。また、予算と比較した売り上げ・利益の達成率が毎期チェックされる。

これに対して、新規事業のイノベーションは、自社が未経験の市場や、よく知らない技術へ「ジャンプ」することなので、成功確率は低い。他社を真似することも困難で、時間をかけて手探りで進むしかない。また、現在「存在しない市場」への進出を目指す場合は、予算の達成率を細かくチェックしてもほとんど意味がない。

社長から「今年中に新規事業で利益を出せ」とせっつかれても担当者にはなす術がない。ただ、米アップルの『iPhone』のように、既存事業の延長では考えられないような高い投資リターンが得られることもある。

一括りにすると「将来への芽」をつぶす

このように、同じイノベーションでも「既存事業」と「新規事業」では異なるのだが、両者が区別されずに語られると混乱を生む。現にそういうことがよく見られる。

特に弊害が大きいのが事業の「評価」である。両者は別の基準で評価されるべきだが、一律に「既存事業の基準」で評価されることが多い。社内に既存事業を理解している人が多く、評価方法が出来上がっているからだ。これを新規事業に当てはめると、本来時間をかければ大きくなるかもしれないのに、「よく分からないし、なかなか儲からない」という理由で早目に打ち切られてしまう。

既存事業のイノベーションは、企業の「今」にとって重要である。しかし、それだけでは、企業は持たなくなってきた。グローバリゼーションや情報化の進展によって、儲かる事業の賞味期限は短くなっている。現状に安住していたら、コストが低い新興国の企業に突き上げられ、自社製品はあっという間にコモディティへ転落する。同時に、業界トップを目指すのではなく、3、4番手あたりを目指す戦略も機能しなくなった。

この状況を打開するには、新規事業という「将来」に投資するしかない。しかしながら、両者を「イノベーション」として一括りにすると、将来への投資の芽を摘んでしまう結果になる。持続可能な成長のために新規事業を成功させなければならない企業にとって、ゆゆしき問題である。

本田技術研究所で日本初のエアバッグを開発した小林三郎氏は、自著において「イノベーションとオペレーションは異なる。オペレーションは論理的に正解を追求できるが、イノベーションは論理的に起こすことができない」と語っている。

本書が「イノベーション」と呼ぶのは、将来の予測が困難な新規事業の場合だけとする。既存事業をベースにしたものは「オペレーションの改良」であり、本書ではイノベーションとは呼ばない。本書が分析対象とするのは前者であることを確認しておく。

自前主義の時代は終わった

本書が「イノベーション」と呼ぶものは新規事業を対象とし、自社が知らない分野への進出なので、社内の資源だけを使う「自前主義」では実現が難しい。したがって、他社と提携する・買収する、専門的な人材を採用するなど、「オープン」な手法を取ることが前提となる。

ただ、「イノベーションは自前主義でも実現できる。オープンにすればいいというわけではない」という発言が時々聞かれる。自社の将来を既存事業の改良だけに託すのであれば、確かにその発言は正しいが、現状から新しい市場にジャンプしたいのであれば、「オープンにしてもうまく行かない」という言い訳をしても無意味なことが分かる。

ただ、元々自前主義の文化が強い組織が、オープンな組織に変わるにはいくつかのハードルがある。そこには、次の４つの要因が考えられる。

①　外部でオープンに喋ってよい情報かどうか基準が明確でないこと
②　自社の事業ニーズを公開する影響が整理されていないこと
③　社外のアイデアは自分たちの敵という思い込みがあること
④　オープンな人材が不足していること

自社情報をオープンにする基準を明確にする

「会社の秘密情報は外部で喋ってはならない」

大抵の企業の新入社員はまずそういった教育を受ける。ところが、秘密情報と外でオープンに喋ってよい情報の区別は曖昧なことが多く、たとえ整理しても解釈の余地が大きい。したがって、社内で批判されるリスクを感じる社員は「取り敢えず何も喋らない方が安全だ」と考え、結果的にホームページで公開されている情報さえ喋らなくなる。

この雰囲気が蔓延すると、社内のコミュニケーションも悪くなる。様々な事業を手掛ける大企業は部署ごとの縦割りができ、部署の「壁」を越えた情報共有が低調になりやすい。富士フイルム『オープンイノベーション ハブ』（ＯＩＨ）館長の小島健嗣氏によると、社内の風通しが悪かった時代、同社には写真フイルムのメーカーらしい「暗室文化」という用語があった。

問題を解決するには、どの情報を隠して、どの情報を公開してよいか基準を明確にすることが不可欠である。ただ、事業環境は刻々変わるため、基準を随時アップデートすることを忘れてはならない。

小島氏は、「時間、コスト、手間をかけて基準を作成しなければ、互いに協調する雰囲気は生まれません」と語る。

大企業の自前主義の象徴として、「中央研究所」という概念がある。１９７０年に作られた米ゼロックスのパロアルト研究所がその原型とされるが、巨大な研究棟に多くの研究者を配置して、研究機能の一極集中が行われた。中央研究所は大企業の商品開発力の象徴であり、日本にもそれに倣った企業が多かったが、オープンイノベーションが注目される今では時代遅れとされている。

建設機械トップ企業であるコマツは、中央研究所を廃止して、ＣＴＯ（チーフテクノロジーオフィサー、最高技術責任者）室に技術情報を集約させる体制に変えた。「廃止は社員のマインドセットを変える一種のショック療法です」と同社の野路國夫会長は語る。

自社情報が他社に知られる影響を整理する

社外で喋ってはいけないのは研究や特許などの知財情報ばかりでない。自社の商品開発の「ニーズ情報」も秘密情報に含まれることが多い。ただ、過度に情報をクローズにすると、他社と情報の「マッチング」ができず、イノベーションにつながらない。

この問題は、自社ニーズを状況に合わせて整理することで対応できる。同じニーズ情報でも、他社に知られては困るものと、知られても困らないものがあるからだ。

東レでオープンイノベーションの仕組みを作った尾関雄治氏によると、同社も以前は自社のニーズ情報を積極的には社外に発信していなかった。技術情報エージェントを通じてベンチャー企業のシーズを探す時は、まず、東レの社名を伏せて行っていた。ところが、ＤＮＡチップ（チップ上にＤＮＡを貼り付けた医療研究・診断ツール）の技術シーズを公募する際、初めて自社名を出すことにした。

社名を出すことに抵抗がなかったのは、同社がこの市場で後発だったため、自分たちの意図を広く知ってもらう方が良いという考えからだった。２０１０年当時、ＤＮＡチップに関して「東レはこの部分が弱い」と他社に知られても、それほどダメージはない。そこで、自社活動を広く知ってもらい、シーズ保有者が安心して提案できるメリットを優先させた。

同様に、自社が業界で圧倒的首位の分野でも、少々情報が知られても怖くない。ところが、自社が圧倒的首位でも後発でもなく、ライバルと首位を争っている市場では、社名を出すことは慎重に考えなければならない。このような整理ができていれば、情報管理もうまく進む。

日立製作所が手掛けている再生医療用自動培養装置の市場はこれからの分野で、まだ首位の企業が確定しているわけではない。ｉＰＳ細胞の培養機器開発を担当している同社研究開発グループの武田志津氏によると、新規性が高い機器は大学で原理や基本性能を徹底的に検証し、潜在的な顧客に実用性を評価してもらうことが重要である。

その結果、臨床研究を実施する大学と細胞を製造する企業によって、自社内では得られなかったニーズや課題が指摘され、真に有用な機器の開発につなげることができた。

ライバル企業は「敵」という思い込みを捨てる

イノベーションを求めて新規事業に進出する企業が増えると、企業同士の関係が複雑になる。今までライバルと思っていた企業がいつの間にか顧客になり、顧客と思っていた企業が、ある時ライバルに変わる。

例えば、「ヘルスケア」といえば、従来医療や食品業界の守備範囲の事業だった。同じように、「情報」は電機、ＩＴ、通信業界という棲み分けがあった。ところが、「ＩｏＴ」「ＡＩ」「ロボット」の応用範囲が広がり、従来ヘルスケアと関係ないと思われていた、電機、ＩＴ、通信企業とヘルスケアとの距離が急速に縮まっている。

こうなると企業同士の関係に変化が起こりやすくなり、顧客と思っていた企業が、いつの間にかライバル、パートナー、ベンダーという「複数の顔」を持つようになる。

ただ、他社との関係は変化しても、技術者個人の考え方はなかなか変化しない。相手がライバル企業でも顧客企業でも、技術者同士がライバルであることは変わらないからだ。研究者のモチベーションは論文や知財を発表することなので、サラリーマンといっても個人事業主的な行動を取ることがある。結果的に、社外の研究者は皆ライバルに見える。

基礎研究に力を入れている企業の技術者は特にその傾向が強い。社内に大半の分野の技術があるので、オープンイノベーションを嫌って自前主義に走りやすくなる。

研究者は自分の「オリジナリティ」に自信を持つが、自信が強いほど「事業的価値」もあるはずと勘違いしやすい。そして、特に最先端といえない研究でも、自前主義で頑張ろうとする。

味の素は2011年からオープンイノベーションの組織作りを行った。研究者には「内部と外部のR&D競争ではない」ということをじっくり説明したので、現場からの反発は起きていない。同社常務執行役員の尾道一哉氏によると、社内で持っている技術と外部から導入する技術の区分けを明確に行ったので、現場を脅かすことはなかった。

ライバル企業を一律に敵とみなさず、「社内に不足している事業化のためのピースを社外から調達すればよい」という合理的な考え方ができれば、その企業のイノベーション実現能力は高まる。

地獄の役員会

自社情報を基に他社とコミュニケーションを取る場合、社内の全体像を理解する人が窓口にならないと、提携に結びつきにくい。ただ、大企業は縦割りで、自分が所属する部署の事情は分かっても、自社の全体像を理解している人は思いのほか少ない。このような課題に対応できる人材を増やすことが必要だが、次のような経験をして全体像を理解できるようになった人がいる。

化学品メーカーA社のB氏は、提携交渉をリードするため、自社の主要研究テーマ約40個を完璧に理解するミッションを与えられた。テーマリストを見ると、自分の専門分野から遠いものも多かったので、すべてを理解することは並大抵の苦労ではなかった。

夜遅くまで会社に残って技術を勉強した彼を待っていたのは、毎月の「地獄の役員会」

だった。主要テーマの進捗状況を役員の前で説明するのだが、B氏にとって他人が行った研究なので、どうしても「借り物」の説明になってしまう。

そうなると、「自分の言葉で説明しろ」と出席した役員から厳しく叱責された。「このテーマは私の専門分野と違います」といった言い訳は一切許されなかった。

泣きそうになったB氏は担当者に研究内容を教えてもらい、さらに遅くまで勉強する羽目になった。自分の言葉で全テーマを説明できるようになるまで、何と半年を要した。その間も役員会は毎月やって来る。

単に研究内容を説明するのであれば、担当者が自分で喋った方が的確で分かりやすいはずだ。しかし、担当者は研究テーマへの思い入れがあるため、どうしても「都合の良い言い訳」をしがちである。したがって、B氏のような第三者がテーマを理解して中立的な立場で説明をした方が、役員は冷静な判断をすることができる。

複雑化した組織では技術データベースを揃えるだけでは全体像の理解にはならず、B氏のように「借り物」でない説明ができる人材を育成しなければならない。ただ、B氏のようなスーパーマンを作ることは大変なので、数人のグループでその機能を分担することが現実的と思われる。

第1章

組織をオープンにする

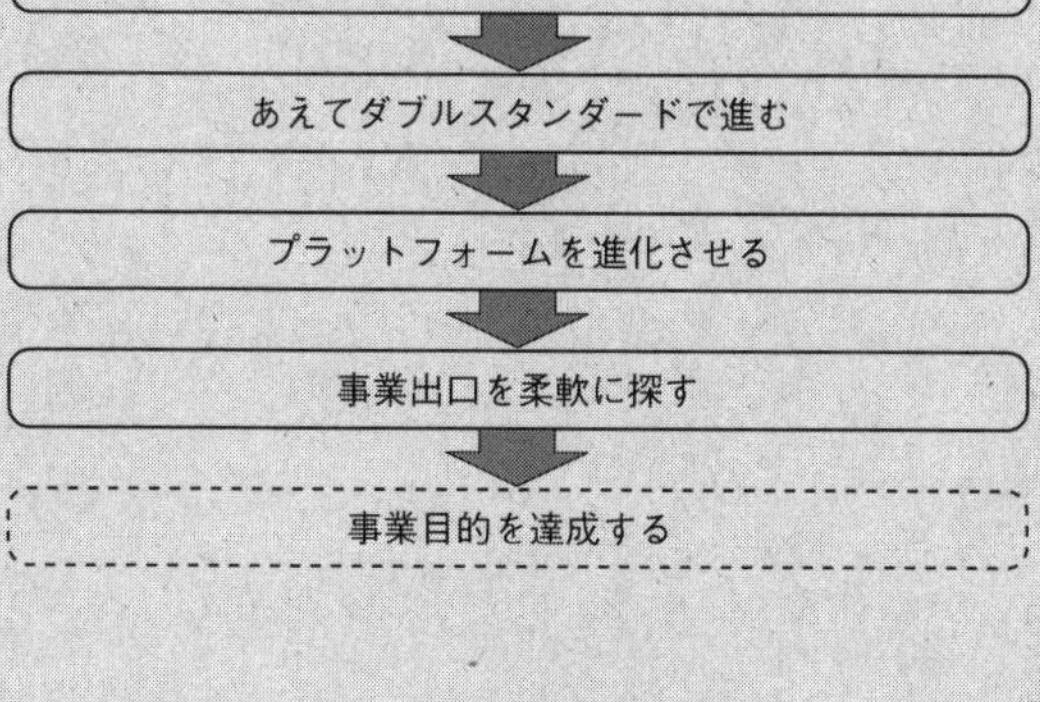
事業目的を設定する
組織をオープンにする
知のダイバーシティを推進する
あえてダブルスタンダードで進む
プラットフォームを進化させる
事業出口を柔軟に探す
事業目的を達成する

オープンな組織になるといっても、お題目だけでは状況を変えることはできない。「経営トップの意思が反映される」「社員のマインドセットを変える」「継続するための仕組み作りをする」などの方策が必要である。ここでは、オープンな組織を作った企業の成功例を見て、その管理・運営プロセスに学ぶ。

東レ

「自前主義からの脱却」を宣言してオープンイノベーションを推進

ある企業に大企業病が蔓延する一般的なプロセスは次のようなものである。

規模が小さくて若いベンチャー企業は、積極的に外部と提携する。自社の資源が乏しいので、外部の人材、情報、技術を活用しないと、成長などできないからだ。会社の知名度がないので、待っていても誰も来てくれず、自分たちから他社へオープンに接する。

その後、事業が成功して会社の知名度が上がると、あれだけ苦労したお金や人材に困らなくなり、自分から何もしなくても、他社から情報が寄せられるようになる。

さらに成功して大組織になると、事業開発よりも社内管理にエネルギーが注がれ、積極的に外部と接触しなくなる。ただ、企業として成功体験があり、社員の満足度も高いので、皆現状に疑問を感じない。これが、大企業病が起きるプロセスだ。

化学品のトップメーカーである東レでも、２０００年前後、いつの間にか社内に根付いた大企業病に悩まされ、創業以来初の営業赤字に陥った。大企業病にかかった組織では、社員が内向きになり、自前主義が蔓延しやすい。東レは元々、ナイロンや炭素繊維の製造技術を社外からライセンスするなど、比較的オープンな社風があったが、次第に内向きになってしまっていた。

自前主義が広がったことに危機感を持った同社トップは、研究開発への取り組みを根本から変えることにした。まず、２００２年の中期経営計画の中の研究開発戦略に「自前主義からの脱却」という方針が明記され、２０１１年に策定された中期経営計画には「オープンイノベーションの推進」が掲げられた。

米航空機メーカーのボーイングや、アパレルのユニクロとの提携は、このように組織がオープンになった成果だった。

社員のマインドセットを変える必要性

改革に際して、経営トップのコミットメントが示され、研究開発体制も変わったが、それだけでは不十分である。社員の「マインドセット」も変わらなければならない。

他社との協業がうまく行かない企業は、社員のマインドセットに問題を抱えていることが多い。面白い提案を他社から受け取っても、担当者にそれを受け入れる姿勢がないとうまく行かない。

ただ、こういう反応はやむを得ない面もある。誰でも事業上の成果がすぐに欲しいので、自分が理解できるピンポイントの提案でなければ、「興味がない」と思いがちだ。「今の仕事が忙しいから」も、他社からの提案を検討しない言い訳になる。また、担当者が「上から目線」で交渉すれば、他社は寄り付かなくなる。

このような機会損失を防ぐには、「既存事業と新規事業は別物」というマインドセットが必要である。「他社の提案は既存事業には役立たないが、新規事業のシーズになるかもしれない」と社員が考えるようになればしめたものだ。提案を既存事業の周辺ピンポイントで評価せず、間口を多少広げる、相手を自分のフィールドに誘導する努力をするようになれば、組織は変わる。

日本企業には、与えられた課題を解決することは得意でも、自分で課題を発見することが苦手な人が多い。２０００年頃までは米国や西欧のライバル企業を目標にして、「人の真似」をしてもイノベーションにつながったが、今やそのライバルや目標がいなくなった。

逆に低コストを武器にした新興国企業に、多くの市場で逆転を許している。こういう時代は、現場は与えられた課題をクリアするだけでなく、「そもそも事業の本質とは何か」という課題設定を自分でしなければならない。その際、自前主義は大きな足枷になる。

マインドセットを変えようと思っても、社内の管理部門が抵抗勢力になることがある。ある素材メーカーの経営企画部門は、社員のオープンさをプラスに評価する人事制度を導入しようとした。ただ、全社的に変えるのは大変なので、一部の研究所長を巻き込んで変革を進めたところ、人事部からクレームが来た。

「個別の研究所のみ人事制度を変えるのは認められない。社員が異動したら、ついでに人事制度まで変わるのでは管理できない」

改革に反対するのは管理部門だけでない。その企業は研究者の反対によって制服廃止にも失敗した。制服をなくせば、毎日何を着て行くか考え、他の人を観察するので、イノベーションに必要な「考える」習慣を身につけることができる。習慣によって社員のマインドセットを変えることが目的だった。

ところが、研究者から「制服を廃止したら、自分はTシャツとGパンしか持っていない。『着たきり雀』が楽だから変えないでほしい」と反対意見が出た。「俺はスーツとゴルフウェアと寝間着しか持っていない」と、クールビズの導入に反対した中高年男性たちのセリフに似ている。

組織を変えることは、綺麗事ではなかなか済まないのが分かる。

自社の情報を1カ所に集中させる

社内をオープンにして情報を集約しても、「全体像を理解して外部との交渉に当たる」役割が必要である。

全体像を理解するといっても、日立製作所や東レのように極めて広範な分野を研究している企業と、そうでない企業とでは、やり方が異なる。他社と交渉するには、自社の全体像を理解して、社内で発言力がある人が担当しないと、交渉は機能しない。担当役員など職務的な権限は高くても技術への理解が乏しい人や、知識はあるが社内で発言力がない人は交渉の窓口になるべきでない。

東レ・オートモーティブセンターの尾関雄治氏は、社内のオープンイノベーションの仕組み作りで苦労した経験を持つ。彼が担当になった２００６年は、まだオープンイノベーションという考え方自体がほとんど知られていなかった。東レでも、ナショプロ（国の補助金で行う大型研究プロジェクト）などで他社や大学との共同研究はあったが、従来からある産学連携活動が中心であった。

新しいオープンイノベーションへの取り組み方について思案した彼は、自分が担当していた研究テーマの「カーボンナノチューブ」（ＣＮＴ）を使って活動を始めた。ＣＮＴは炭素原子が網目、筒状になったもので、半導体や燃料電池など幅広い用途がある。「ＣＮＴという面白い物質を何に使えばよいか」を知るために、世界中の研究者、技術者にその用途について公募を実施した。

その結果、南アフリカ、ロシア、ブラジルなど世界中から提案が舞い込んだ。「せっかく地球の裏側から連絡が来たのだから」と彼は一件ずつ丁寧にメール返信し、時には訪問した。見当違いな提案や胡散臭い話も混じっていたが、「こんな面白い考え方もあるんだ」

という驚きの方が多かった。

海外含めて50件以上の企業・大学と協業を検討し、共同研究を行ったケースも多かった。CNTのような新規材料は自社だけで用途開発を進めることは難しく、当時の東レの研究テーマの中でもCNTの共同研究件数は圧倒的に多かった。同社のように研究テーマが充実した企業でも、テーマの性質によってはオープンにした方が新規事業の可能性が高まることが分かる。

セブン-イレブン
拝み倒して新しいパートナーを獲得

日本トップのコンビニエンスストア（コンビニ）チェーンを運営するセブン-イレブン・ジャパン（セブン-イレブン）は、商品開発のために、『チームマーチャンダイジング』（チームMD）という多様な企業や人材が集まるプラットフォームを構築している。

チームMDは「本部開発」「地区開発」「品質管理」「原材料」のグループに分かれており、80人の本社スタッフが、製造、流通などパートナー企業の外部スタッフ約1000人と協力して商品開発のために日々知恵を絞っている。

このようにオープンな開発体制が根付いたのは、創業当初から、形だけでなく本気で事業パートナーを探し続けたからである。初期のセブン-イレブンには組織をオープンにするしか選択肢がなかった。

セブン-イレブンは、スーパーのイトーヨーカ堂が、米国の『セブンイレブン』を運営していた米サウスランド社とライセンス契約を結び、１９７４年に日本での店舗展開を始めた。この新規事業のリーダーになったのが、当時イトーヨーカ堂の取締役だった鈴木敏文氏（現セブン&アイ・ホールディングス名誉顧問）だった。

● セブン-イレブンのプラットフォーム『チームMD』

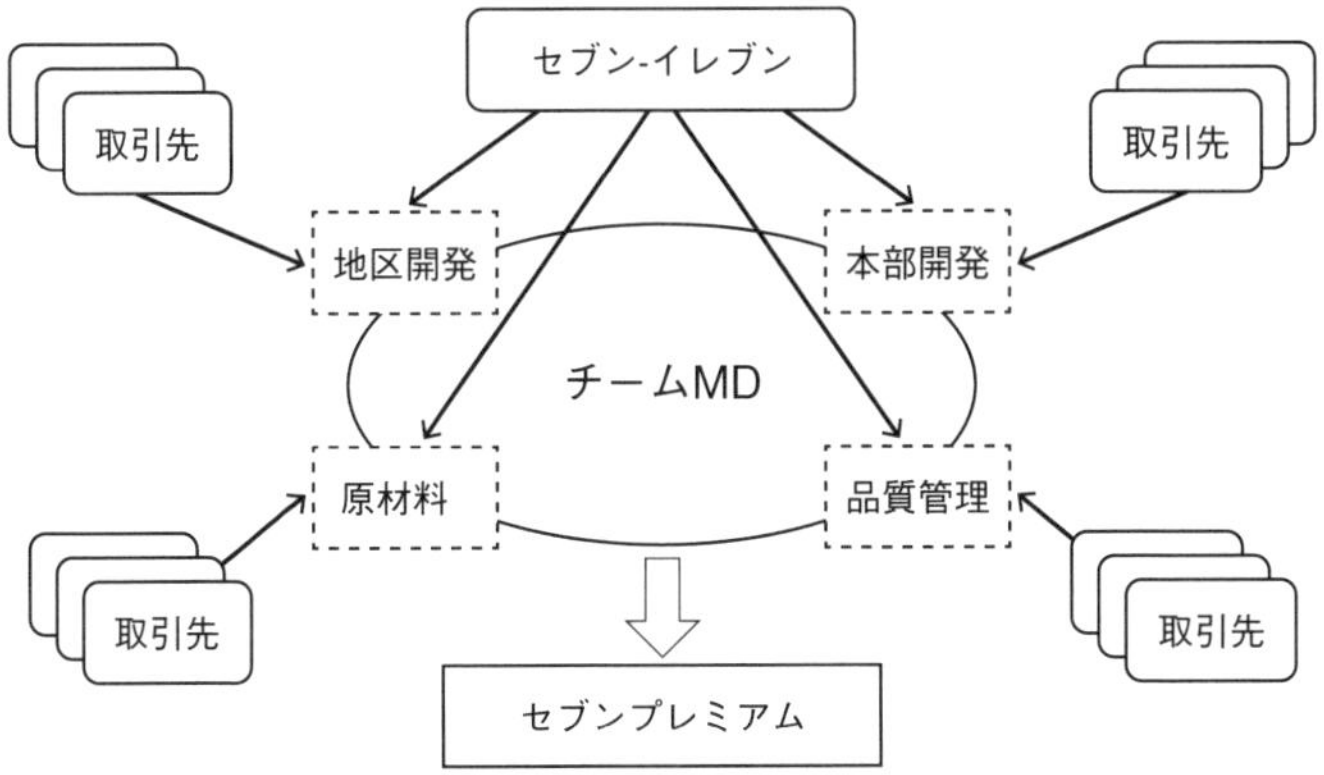

セブン-イレブンのホームページを参考に筆者作成

東京都江東区豊洲にオープンした1号店は、異例の船出を行った。まだ、日本でフランチャイズが珍しかった時代だが、小売理論の教科書には「最初の数店舗は本部の直営にして運営ノウハウを固め、その後、徐々にフランチャイズ企業に店舗経営を任せるべき」と書かれている。ところが、セブン-イレブンの1号店は本部の直営でなく、フランチャイジーの酒店に経営委託された。

当時のセブン-イレブンは開業資金が潤沢ではなかった。母体のイトーヨーカ堂社内で、スーパーと競合するコンビニ事業に反対意見があったことも関係している。そこで、教科書に反して、1号店からいきなりフランチャイズ店にするしかなかった。

今でこそコンビニは「24時間365日営業」が当たり前だが、当時の深夜営業は「常識はずれ」の挑戦で、付き合ってくれる問屋や物流システムが見つからず、実現のハードルが極めて高かった。24時間営業どころか、夜11時までの営業（セブン-イレブンの社名由来）でも大変だった。

また、年末年始の品揃えも問題だった。近年、スーパー、コンビニの元日営業は珍しくないが、当時、正月三が日はどこの小売店も閉まっていた。

やむなく、鈴木氏が陣頭指揮をとって、メーカー、問屋、配送業者を片っ端から拝み倒す羽目になった。「コンビニ」という存在を誰も知らない時代に、新しい「店舗の姿」を理解してもらうのは想像以上に困難だった。

この時、拝み倒してパートナーを作ることに成功しなかったら、セブン-イレブンは初期の推進力を得ることができなかっただろう。当時作った取引先が母体となって、プラットフォームとなる『チームＭＤ』が形成された。１９７０年当時、既に定着していたスーパーとの差別化のため、売り手の生産・流通体制に合わせた品揃えでなく、顧客である来店者のニーズが最優先された。

NTTデータ
『スター誕生！』方式で社外の才能を発掘

近年、パートナーとなるベンチャー企業を探して、自社だけでは実現困難な事業を作ろうとする大企業が増えている。ただ、ベンチャー企業の情報は十分に開示されていないので、多くの企業から適切な候補を探すのは簡単でない。そこで、金融機関や仲介の専門会社が両者のマッチングを助けるイベントが盛況だ。

ただ、大企業とベンチャー企業が単に「お見合い」すれば何かが生まれるものではない。両者の間には、企業文化、求める品質の基準、仕事のペースなど、多くの違いが存在する。この溝は時間をかければ解消されるのではなく、そのための仕組み作りが必要である。

自社のインフラに乗せるベンチャー企業を探索

ＮＴＴデータは、旧電電公社時代以来40年以上、公共、金融、法人顧客向けシステムというプラットフォームを構築してきた。同社のプラットフォームは、役所、銀行、クレジットカードなどが参加し、彼らの決済を円滑に機能させる「社会インフラ」である。プラットフォームが同社の強さの源泉だが、それに安住できない変化が起きている。それは、「フィンテック」（ファイナンスとテクノロジーを合わせた造語）の成長により、金融機関のサービス開発競争が熾烈になったことである。

環境変化に適応するには金融機関はベンチャー企業と提携することが必要だが、両者は企業文化、セキュリティの考え方、事業のスピード感が全く違い、直接組むことは容易でない。そこで、ＮＴＴデータは自社プラットフォームを進化させて、金融機関だけでなくベンチャー企業もそこに参加できるようにした。

　プラットフォームにベンチャー企業を参加させるといっても、ＮＴＴデータにとって前例のない取り組みだった。そのためには、単にベンチャー企業との接点を増やせば良いのでなく、仕組み作りが必要だった。

　そこで、２０１４年に「オープンイノベーション事業創発室」（ＯＩ創発室）という部署が作られた。ベンチャー企業から集めたアイデアと社内事業部門を連携させることが、新部署の役割だった。

　時間をかけて堅牢なシステムを作るＮＴＴデータと、スピード重視で試行錯誤を続けるベンチャー企業が一緒に仕事をやろうと思っても、

● NTTデータ流オープンな組織

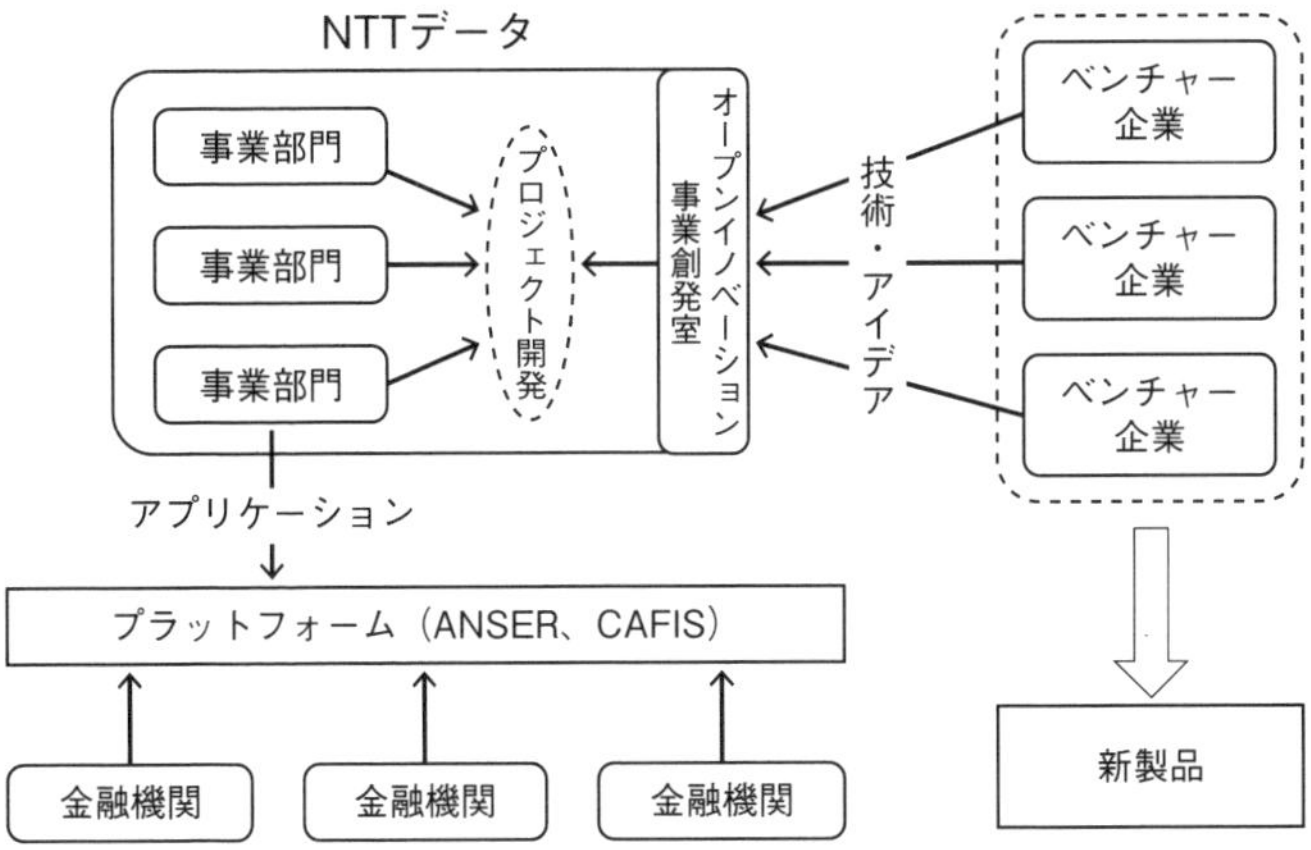

NTTデータのホームページなど各種資料を基に筆者作成

ペースが違いうまく行かない。

そこで、ＯＩ創発室が、社内で「アクセラレーター」と呼ばれる、ベンチャー企業と自社事業部門間の緩衝材の役割を果たすことにした。同室は、社内に作られた複数の「イノベーション・ワーキンググループ」（ＩＷＧ）を対象に、リーンスタートアップとデザインシンキングを基に独自の研修プログラムを開発した。同室スタッフなどが講師になって新規事業のプロセスをレクチャーし、ＩＷＧをベンチャー企業のアイデアを料理する受け皿にした。こういうプロセスを経ずにベンチャー企業からアイデアを募っても、その良さは理解されずに消化不良になってしまう。

『豊洲の港から』というオープンイノベーションのコンテスト

ベンチャー企業のアイデアは、オープンイノベーションのコンテスト『豊洲の港から』を年2回開催して募集している。ＮＴＴデータのインフラの強みを生かすため、募集するテーマを「フィンテック」や「エネルギー」などに絞り、必要な機能や目指すビジネスモデルをウェブで詳細に公開していることが、同コンテストの特徴である。

２０１４年に第１回のコンテストが開催され、国内の10社が本選に進出した。その後、回を重ね、2018年3月に開催された第7回コンテストでは、東京、ロンドン、テルアビブ、ミラノ、サンパウロ、ムンバイなど世界15都市で予選会が開催され、各地で優勝したベンチャー企業が東京の本選に集まった。

東京都江東区の豊洲にあるNTTデータ本社の最上階ホールに『豊洲の港から』のネームが入った青いハッピを着た集団と、そうでない人たちが合わせて数百人も集まった。ハッピを着ているのは日本人だけでなく外国人も多い。外国人は各地の予選を突破したベンチャー経営者のようだ。OI創発室長の残間光太朗氏によると、国内外問わず、コンテストはいつもこのスタイルで行われる。

選ばれたベンチャー企業が矢継ぎ早に登壇し、1社7分の持ち時間を使って、自社技術を懸命にプレゼンする。聴衆の前でベンチャー企業が連続で登壇するイベントは近年よく見かけるが、「プレゼンしても大人数と名刺交換するだけで、事業進展の効果がない」という不満を、登壇者からよく聞く。その点、『豊洲の港から』は、世界中から集まったNTTデータの事業部スタッフがすべてのプレゼンに目を通し、且つ実際に審査員として参加することで、提携機会を増やす工夫をしている。

会場の前方左側にはハッピを着た集団が座っている。社内の事業部を代表して出席している人たちだ。1社のプレゼンと質疑応答が終ると、その都度司会の残間氏が「さぁ〜、この会社と提携したい事業部の人は札を上げてください」と呼びかける。そして、「○人の方が札を上げました。おめでとうございます」と締め括る。

1970年代の日本テレビ系列で高視聴率をマークした『スター誕生!』のような演出である。この番組は、素人の歌手志望者が毎回登壇して歌い、育成したいプロダクションが札を上げてマッチングさせるという内容だった。桜田淳子さんや山口百恵さんのようなスターが発掘されたことで有名である。

家計簿アプリを開発したマネーフォワードは、『豊洲の港から』の第1回で最優秀賞を受賞した。NTTデータの『アンサー』(ANSER)という900以上の金融機関が利用しているオンラインバンキングのプラットフォームを、フィンテック企業が活用できるようにソフトウェアの接続仕様(API)を創る提案が評価された。これは現在の「オープンAPI」(銀行と外部の事業者の間の安全なデータ連携を可能にする取組み)ブームの先駆けにもなった。

また、第2回で優秀賞を受賞したサッソー(SASSOR)は、NTTデータの電気事業者向けIoTプラットフォーム『エコノ・クレア』上で、電力使用量のデータ分析サービスを提供している。両社の分析ノウハウを組み合わせて、消費電力削除につなげることができる。

残間氏によると、『豊洲の港から』での受賞は事業創発の「始まり」に過ぎない。その後、社内の受け皿である事業部において、時間をかけて技術の実装とビジネスモデルの構築に取り組むからこそ、新しいプラットフォームビジネスが生まれる。過去5年間、国内外のベンチャー企業と協力して十数件のビジネスが創発されているという。

リクルート
起業家精神を仕組み化

本書で述べている既存事業と新規事業の違いは重要だ。何故なら、両者で求められる人材の質が違うからである。既存事業を担う人材は、自社の屋台骨をうまく管理、発展させていく能力が求められる。そのためには、失敗を防ぐ危機対応能力、社内外の関係者を納得させる調整能力が必要とされる。

一方、新規事業を担う人材は、「失敗することが当たり前」の事業に挑戦する。これは

「失敗が許される」のでなく、成功確率は低いので「大半が失敗する前提」で臨まなければならないことを意味する。また、成功確率が低いだけでなく、成果が出るまでに時間もかかる。

どこの会社にも既存事業の改良を理解できる人の数は多く、うまく行くかどうか現実的な議論が可能だ。ところが、新規事業のアイデアについては、この先どうなるか誰も分からないので、まともな議論にならない。担当役員から「3年後にどれくらい儲かるんだ?」と聞かれても、そもそも今市場が存在しないから、「怪しげな」市場予測を作るしかない。

両者の成功確率が異なるので、放っておくと「リスクが高い」新規事業をやりたいと思う社員が少なくなる。「イノベーションなど、なかなか儲からないからダメだ」と発言する役員がいれば、なおさらである。結果的に、現状維持を好む人材ばかりになる。

このような組織と対極にある企業がリクルートである。社員に「イノベーションを手掛けよう」と呼びかけるだけでなく、起業家が輩出される仕組みを作り、それが社外の人を巻き込んでオープンに展開されている。

事業全体を貫く明確な「軸」

リクルートホールディングス（以下、リクルート）の峰岸真澄社長は、「リクルートグループは、社会や顧客の不満や不便、不安などの『不』に向き合い、価値を創造する企業です」と語る。「イノベーティブな企業」と評価される同社だが、事業の全体像が必ずしも理解されているわけではない。ところが、同社事業の理念と構造はシンプル且つオーソドックスである。

リクルートは故江副浩正氏が1960年に立ち上げた大学新聞広告社に端を発している。当時、学生が就職先を探す場合、親族、知人、大学の先輩など個人的なツテを頼る以外なかった。学生も企業も、狭い選択肢から「見合い相手」を探した。

この状況に疑問を感じていた江副氏は、ある時米国の大学で『キャリア』という就職情報ガイドブックが学生に配布されていることを知った。これをヒントに『企業への招待』という冊子を創刊した。

これが、リクルートが「社会の『不』」に向き合った初めての機会であり、「広告を集めて無料で配布する本」のさきがけでもあった。就職情報の事業は、江副氏が東京大学在学中から企業ニーズを掴んでいたからできた。

その後、同社は、売り上げ2兆1733億円、グループ企業365社（いずれも2018年3月期）の巨大企業グループに成長した。グループには様々な企業が存在するが、「HRテクノロジー」「メディア&ソリューション」「人材派遣」という3つのSBU（ストラテジック・ビジネス・ユニット）で構成される。

同社の企業理念と事業構成を理解すれば、グループに明確な軸が存在することが分かる。あらゆる業種に広がる顧客企業と、様々なユーザーをマッチングさせて、その結節点に自社を位置づけるビジネスモデルは、第4章で紹介する。

「リクルートさんは特別だから、我々が参考にするのは難しい」と語る経営者を見かけるが、同社の「明確さ」に多くの企業が学ぶことができると思われる。

「精神論」でなく「実体」がある起業家精神

同社の企業文化は、「起業家精神」「圧倒的な当事者意識」「個の可能性に期待し合う場」で構成される。

近年、社員に起業家精神を求める企業が増えたが、自社のブランドに自信がある企業は、従来こういうことは言わなかった。また、建前上、終身雇用を前提としているので、社員が本当に「起業」することは求めておらず、あくまで「精神論」のことが多い。

しかしながら、「リクルートの起業家精神」は一風変わっており、社員の独立・起業を、本気で応援する。個人的に部下の背中を積極的に押す上司もいる。起業家精神は言葉だけでなく、人事評価・報酬にも反映されており、入社後一定期間を経ると退職時に「支援金」が支払われ、起業資金に充てることもできる。

大学生が就活面接に来ると、「この学生は主体的な思考をしているか」ということを徹底的に掘り下げて聞く。それに対し、リクルートOBで不動産情報サービスのライフル社を創業した井上高志氏のように「入社後3年以内に独立します」と明言する学生もいる。このような、強い意志を持った学生をリクルートは評価する。

入社時の面接だけでなく、入社後に社員が求められることも変わらない。「起業家精神」「圧倒的な当事者意識」とは、「何をしたいか」「どのような方法でしたいことを実現するか」を常に自問することである。若手社員は「そんなこと上司が決めることでしょう」という言い訳が許されない。

大きな仕事を任せられたら、「何を」「どのように」するつもりか上司に問われ続け、常に答えを用意しなければならない。これら企業文化はリクルートのＤＮＡになっている。ただ、同社も企業体なので、配属される部署や職種によって仕事内容が決まる。社員が「起業家精神」「圧倒的な当事者意識」を持ってやりたいと思ったテーマが、所属する部署や職種で実現することが難しいケースも起こり得る。そこで、『キャリアウエブ制度』という、社員が自らの意志で部署や職種を異動できる機会が用意されている。

キャリアウエブ制度では、各事業部がイントラネットで「社内求人情報」をアップし、社員は自由に応募できる。今の仕事を続けたくない場合、自ら手を挙げて別の部署に異動できるわけだ。社員は年1回、異動したい部署に面接を申し出ることができ、双方の希望が合えばマッチングが成立する。驚くことに、上司には部下の異動に対する拒否権がない。

人事部の異動命令を拒否できないサラリーマンから見れば、信じられないような、羨ましい話である。こういうやり方には「社内の統制が取れなくなる」と言って反対する人事部長が世の中の大半であろう。しかし、手を挙げた社員は異動先で評価されるよう努力が必要で、異動の結果を人のせいにできない。また、マネジャーには、部門の事業を進化させないと、求人への応募者がいなくなるという逆のプレッシャーがある。マッチングをうまく管理すれば、社内の統制も維持できる。

「卒業生」によって強化されるネットワーク

リクルート出身の経営者の活躍はよく報じられる。ＩＰＯ（新規株式公開）を成し遂げた起業家にも、「リクルートの卒業生」が少なくない。インテリジェンス創業者の鎌田和彦氏、マクロミル創業者の杉本哲哉氏、オールアバウト社長の江幡哲也氏など枚挙にいとまがない。ここで、リクルートの「退職者」でなく、「卒業生」と表現したことには理由がある。

リクルートの起業家精神に対して、「会社のコストをかけて人材を採用しているのに、社員の起業を奨励するのは会社の利益に反する」という見方が少なくない。確かに優秀な人材が辞めることは企業にとってマイナスだ。しかし、優秀な人材が他社に移り、仮に転職先が成長すればリクルートの優良顧客になる「ウィン・ウィン」になる。

同社の３つのビジネスユニットは、すべて「人材」と関連している。そして、あらゆる企業には人材を探すニーズがある。すなわち、リクルート社員の転職先はリクルートの顧客になる可能性がある。

辞めた人に丁寧な対応をする企業は、世の中で少数派だ。日本社会で「キャリアアップ転職」がまだ珍しかった1990年代は、退職者を「裏切り者」呼ばわりし、「石もて追う」対応もあった。最近は、さすがにそういうことは減ったようだが、退職者に冷淡なことが普通で、彼らを「将来の顧客」とみなす企業は稀だ。

リクルートには「事実上の」卒業生ネットワークが存在するが、会社が公式にそれをサポートしているわけではない。同社の上を行って、公式に卒業生をサポートしているのが、経営コンサルティングの米マッキンゼーアンドカンパニー（マッキンゼー）である。『マッキンゼー・アルムナイ（同窓会）』という言葉まであ

● リクルートと同社OBとのオープンな関係

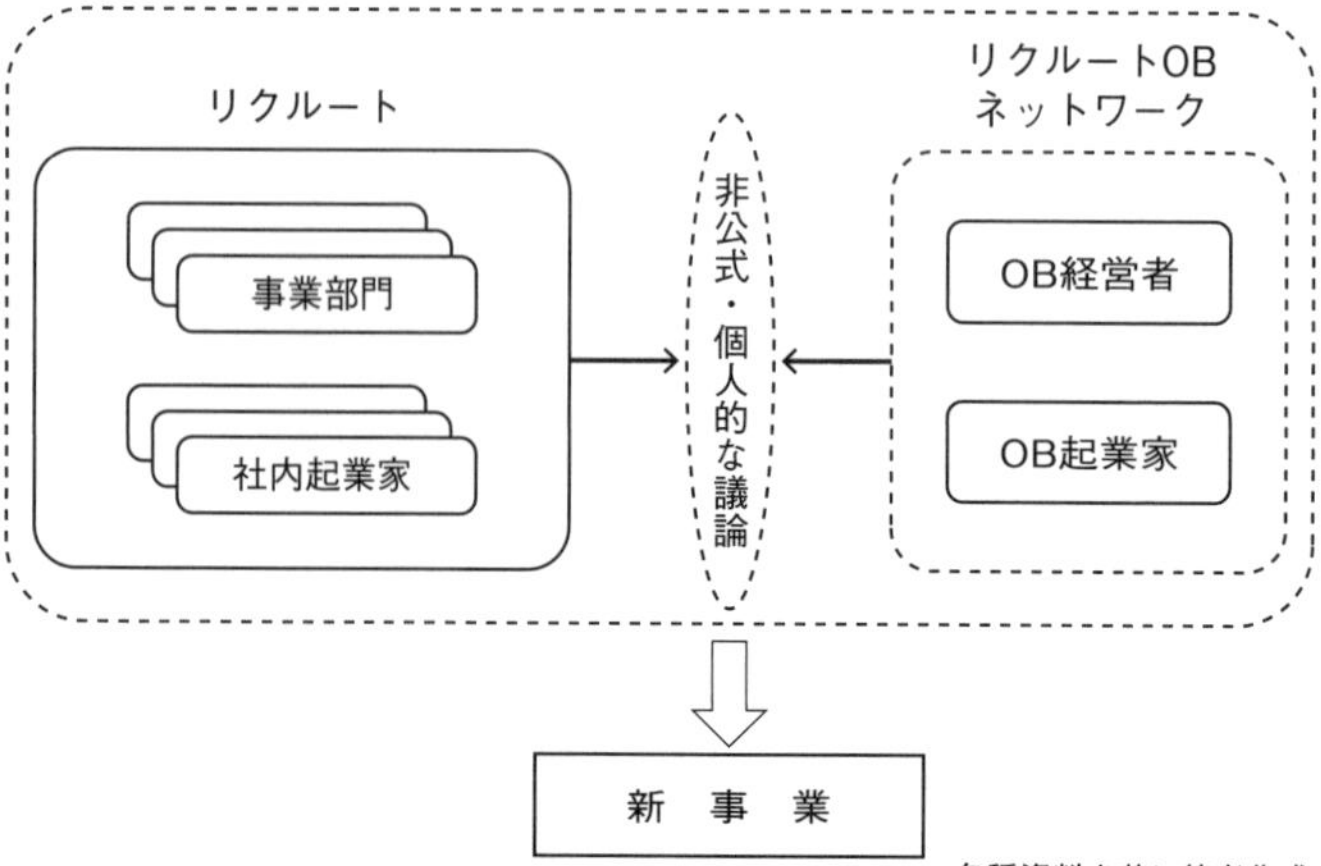

各種資料を基に筆者作成

り、OB・OGが参加する年次交流会を会社が公式業務としてサポートしている。

アルムナイの場に現役社員も顔を出すので、貴重な情報交換の場となる。コンサルティングの仕事をしていると、顧客企業から幹部として引き抜かれることが多く、彼らが将来マッキンゼーの顧客になり得ることは言うまでもない。

リクルートやマッキンゼーのような文化を持つ日本企業は稀である。「顧客企業への転職ならまだ良いが、競合先への転職などもっての外だ」というのが平均値だろう。ただ、既に述べたとおり企業間の境界線は変化しており、昨日までの顧客企業がいつの間にか競合企業に変わることもあるし、その逆の動きも起きている。

富士フイルム
生産技術が未熟な提携先をサポート

オープンイノベーションにおいて、M&A（企業の合併、買収）は有効なツールである。買収先企業の技術、人材、顧客ネットワークが手に入るので、時間をかけずに事業を成長させることができる。ただ、「他人」と一緒になるので、お互いの経営理念や事業目標を擦り合わせる必要がある。その際、相手を「支配」するような態度で、買収先の良さを損なうことは戒めなければならない。

買収先の強みを生かす方法として、自社の生産技術を移植することは有効だ。大企業にないユニークな技術を持つベンチャー企業は、生産技術が未熟なことが多い。そこで、大企業がベンチャー企業の生産技術をサポートすれば、両者は「ウィン・ウィン」の関係になる。

買収先に専門チームを常駐させて、通常は秘密にしている技術情報を伝えれば、短期間で生産性を向上させることができる。例えば、化学研究は医療や消費財など幅広い市場に応用されているが、生産技術は共通しているので、技術移植がしやすい。したがって、買収先が自社と違う事業分野でも、技術指導が可能だ。

このようなウィン・ウィンが機能している例の1つが、富士フイルムによる医療分野への投資である。同社は元々フイルム技術の医療応用に力を入れており、1936年にX線用フイルムの生産を開始した。

同社のコラーゲン技術は、再生医療の「足場材料」を作る技術に使われている。足場材料は、細胞の分化・誘導を促進し、組織を再生させる足場となる。

コラーゲンは通常牛の体から採取されるが、ＢＳＥ（牛海綿状脳症）への懸念から、医療市場では動物由来でないコラーゲンが求められている。同社が開発した『リコンビナントペプチド』（組み換えペプチド、ＲＣＰ）は動物由来成分を含まず、生体内で分解吸収されるので、ＢＳＥを心配する医療ニーズにマッチしている。

近年、富士フイルムは再生医療企業への投資を活発に行っているが、同社のコラーゲン生産技術が投資先の効率を高めている。再生医療用皮膚のＪ－ＴＥＣ、ｉＰＳ細胞の米セルラー・ダイナミクス・インターナショナル、試薬・臨床検査薬の富士フイルム和光純薬、インフルエンザ薬の富山化学工業などが主な買収先だが、各社に富士フイルムの生産・品質管理の技術が導入されている。

また、コラーゲン以外にフイルム技術も医療に応用されている。以前は居酒屋でしか飲めなかった生ビールが家庭で飲めるようになったのは、瓶や缶に詰める時に使われる酵母用トラップ・フイルムのおかげだが、このフイルムは血液生化学検査に転用されている。

第2章

知のダイバーシティを推進する

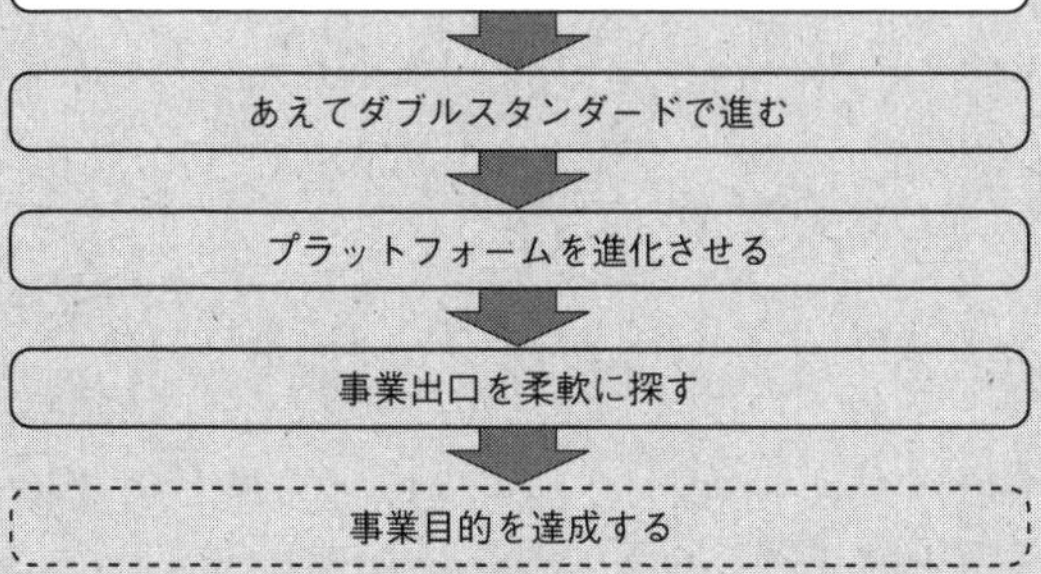
事業目的を設定する
組織をオープンにする
知のダイバーシティを推進する
あえてダブルスタンダードで進む
プラットフォームを進化させる
事業出口を柔軟に探す
事業目的を達成する

トヨタの創業期は、大学の研究者や自動車の試作をしたことがある人など、自社の課題を解決してくれる「知」を探すのは、それほど難しいことでなかった。しかし、今は国内外の機関に膨大な数の研究者が在籍し、自社の開発テーマと本当にマッチする人を探すのは極めて困難になった。

また、新規事業に必要な「知」は基礎研究だけとは限らない。論文や研究内容はデータベースで検索できるが、研究以外のイノベーションを求める場合の網羅的な探索方法はないに等しい。したがって、様々な知を融合してダイバーシティを維持するには、繊細な工夫が求められる。

東レ
異業種のパートナーから常識外の発想を学ぶ

通常、ダイバーシティは、女性や外国人社員などの活用を指すが、この言葉は何も社内人材の多様性だけを意味するわけではない。全く畑が違う異業種企業と戦略的パートナーシップを結んで得られるダイバーシティは、イノベーション実現のために有効である。典型的な成功例が、東レとユニクロの提携である。

トップダウンで推進された戦略的パートナーシップ

２００６年６月、東レとユニクロは『戦略的パートナーシップ』を締結すると発表した。提携の内容は、「両社の研究、開発、生産、販売、マーケティングの総合力を結集し、素材から最終製品までの一貫商品開発体制を構築する」ことと発表されている。ユニクロはＳＰＡ（製造小売業）を推進して成功した企業だが、それまでの常識を超える踏み込んだ提携となった。

その後、パートナーシップは継続し、２０１５年に発表された『第Ⅲ期戦略的パートナーシップ』によると、２０２０年までの累計取引目標額は１兆円に上る。成熟したアパレル業界で、これほどのビッグビジネスは珍しい。

元は中国地方の中小衣料販売店だったユニクロは「フリース・ブーム」を起こし、２０００年の秋冬だけで２６００万枚もの商品を販売し、世間の注目を浴びるようになった。その頃から、東レにとってユニクロは自社の繊維素材を購入してくれる重点顧客だった。

東レは2000年に、ユニクロの要望をワンストップで受け入れて、社内の関係者につなぐ専門部署を設置し、フリース用の糸やドライTシャツの開発などを始めた。2003年に販売が開始された『ヒートテック』も大ヒット商品となり、2017年9月には累計販売枚数が10億を超えた。その後、『ウルトラライトダウン』や『エアリズム』などの成功につながった。これらは単品の開発ではなく、両社の共同開発の成果ということがポイントである。

両者の提携が本格的になったきっかけは、2000年にユニクロを運営するファーストリテイリング社長の柳井正氏が全役員を引き連れて、東レの前田勝之助会長（当時）を訪問したことだった。

前田氏は、『日経ビジネス』の取材記事で「これからの繊維はグローバルに見れば成長産業だ」と語った。しかし、当時国内の趨勢は、前田氏の発言と逆だった。日本の繊維市場は、1991年にピークをつけ、その後の20年間で3分の1の規模まで縮小した。衰退市場に見切りを付けるように、帝人や旭化成のような大手メーカーでさえ、繊維事業から実質撤退した。

しかし、前田氏は、人口1人当たりの所得が増えているアジアにおいて、繊維は成長産業になると予測していた。人件費や土地代などコストが安いアセアン諸国に工場を作って、ポリエステル、ナイロンなどを生産すれば、市場の成長を取り込むことができる。記事を読んだ柳井氏の発見は「自分と同じ考えの人がいるんだ」というものだった。柳井氏はすぐに前田氏に面談を申し入れた。

ファーストリテイリングは、今では売り上げ２兆円に迫る大企業だが、当時の売り上げは４０００億円程度で、会社の規模を考えれば、東レ側はトップが出席しなくても不思議でない。両社の提携は、そのような商慣行と関係なく経営トップ同士のコンタクトで進められた。

違う業界とのパートナーシップには「発見」が多い

関係者の話を総合すると、提携は東レにとって様々な「発見」があった。

一番の発見は事業の時間軸の違いだった。ユニクロの事業計画は週単位で動く。忙しい土日の売り上げを月曜に集計して、その週の計画が立てられる。これに対して、メーカーである東レは、最低月単位で工場のライン計画を立てる。必然的に両社が「締め切り」について話し合うと、噛み合わないことが多い。

また、消費者と接しているユニクロは「お客様は神様です」という感覚が徹底している。企業向けに素材を作っている東レは、大半の社員が消費者の顔を見たことがない。同社にとって、ユニクロの考え方は驚きの連続だった。

もし、東レのパートナーがユニクロでなく「商品にファッション性さえあれば良い」と考える小売企業だったら、このような時間軸や感覚のズレが大きなトラブルにつながった可能性がある。ファッション性のみ重視の小売企業は「お客様は神様です」を盾にメーカーの時間軸に配慮しないことが多い。

ユニクロが優れているのは「品質へのこだわり」が徹底していたことだ。小売企業は顧客に早く新製品を届けたいと思っているが、メーカーは早く作るより時間をかけて品質を良くしたいと思っている。したがって、両者はぶつかることが多い。ユニクロも納期に厳しいが、こういった事情は理解してくれた。

また、糸、生地、縫製の各段階で、両社は契約条件を確認しながら取引を進めた。今では当たり前のことだが、当時のアパレルの商習慣では契約書を作らないことが多く、在庫が溜まった時は、小売、メーカーどちらが損をかぶるかを巡ってトラブルが起きた。

戦略的パートナーシップの利点は、窓口の社員同士が緊密なコミュニケーションを取れることにある。仕事の進め方や企業文化の違いを発見することも多い。東レとユニクロの提携は、メーカーと小売間の提携であり競合の問題は少ないが、経営のトップダウンによる推進力が効果的だったと思われる。

お互いワンストップの窓口を置き、キーマン同士が顔見知りになれば、たとえ誤解やトラブルが起きても、対応がとりやすい。相手の事情が分からなければ右往左往するが、両者はスムーズな情報交換ができ、そのことがビッグビジネスにつながった。

バリューチェーン上の弱点を補い合う

糸や生地の生産などバリューチェーンの「上流」が強い東レにとって、ユニクロとの戦略的パートナーシップ構築は自社が苦手な最終商品マーケティング、販売など、バリューチェーン「下流」を補う効果がある。反対側のユニクロから見ると、東レは自社が弱いバリューチェーンの「上流」に対応してくれる。お互いの弱点を補完する意味で、両社の利害は一致した。

繊維産業のバリューチェーンは、「糸」－「テキスタイル」（生地・織物）－「アパレル」（縫製）－「マーケティング・販売」で構成される。

下流の事業に不慣れな原糸メーカーは、中間にアパレル企業や問屋を介在させて最終商品の在庫リスクを取らないことが一般的で、直接下流の縫製や小売に進出してもうまくいくケースは少なかった。繊維業界には「縫製手配師」という言葉があり、メーカーにとって下流はリスクが高いビジネスとして敬遠されてきた。

原糸メーカーにとって、縫製品は「三次元」の組み立て産業に近い。同じ繊維事業でも下流とは文化が違う。タウンウェア、スポーツウェア、作業着などの縫製品にはボタン、ポケット、襟、袖、アクセサリーなどの「部品」が多く、工程も長い。

ところが、同じ縫製品でもインナーウェア（以下、インナー）にはそのような部品や複雑な工程がなく、デザイン性より着心地に関わる生地の品質が本質的な価値として認識される。これなら、上流が得意なメーカーも強みを発揮できる。

東レが、ユニクロ商品の中で「主力3商品」と位置付けているのは、上流の技術を生かした『ヒートテック』『エアリズム』『ウルトラライトダウン』である。インナーであるヒートテックとエアリズムは東レが縫製まで担当しており、同社の技術的な貢献度は少なくなかった。

「マーケット・イン」と「プロダクト・アウト」の組み合わせ

顧客ニーズを掴んでいるユニクロが新製品のアイデアを提案することが多いが、機能性インナーウェア（以下、機能性インナー）を提案したのは東レだった。一般的に東レとユニクロの提携は、消費者ニーズを商品化する「マーケット・イン」が主流と思われているが、機能性インナーは技術の成熟によって商品化が可能になった「プロダクト・アウト」的な側面も持つ。

東レが機能性インナーに目をつけた当時、同社は吸水速乾機能を持つ様々な原糸を開発していた。例えば、伸縮性、染料との化学的な結合性などの課題を解決して、それまでの化学繊維単体では難しい柔らかさや色のバリエーションを実現していた。

一方で紳士用インナー市場は、従来圧倒的に綿製品が主体で、合成繊維のインナーの市場はほとんどなかった。当然、機能性インナーも消費者に認知されていなかった。「綿製品以外のインナーは売れない」という当時の「常識」に挑むことができたのは、パートナーシップによる強い信頼関係が両社間にあったからだ。

インナーにはタウンウェアなどと異なり、ファッション的な飽きが起きにくいという特性がある。インナーは人目に触れないので、消費者が素材や着心地を気に入れば、日用品のようにリピート買いが期待できる。そして、東レは素材開発、ユニクロはマーケティング力による市場への浸透に力を注いだことが、「機能性インナー」という市場の創造につながった。

このように、機能性インナーは、東レによるプロダクト・アウトと、ユニクロによるマーケット・インの組み合わせによって可能になったヒット商品である。

戦略的パートナーシップ締結時、ユニクロが構想していたＳＰＡの実現には、糸、生地・織物、縫製のバリューチェーンを、一社で手掛けることができるメーカーが不可欠だった。複数メーカーへバラバラに発注していたのでは、ユ

● 東レによる知の融合とダイバーシティ

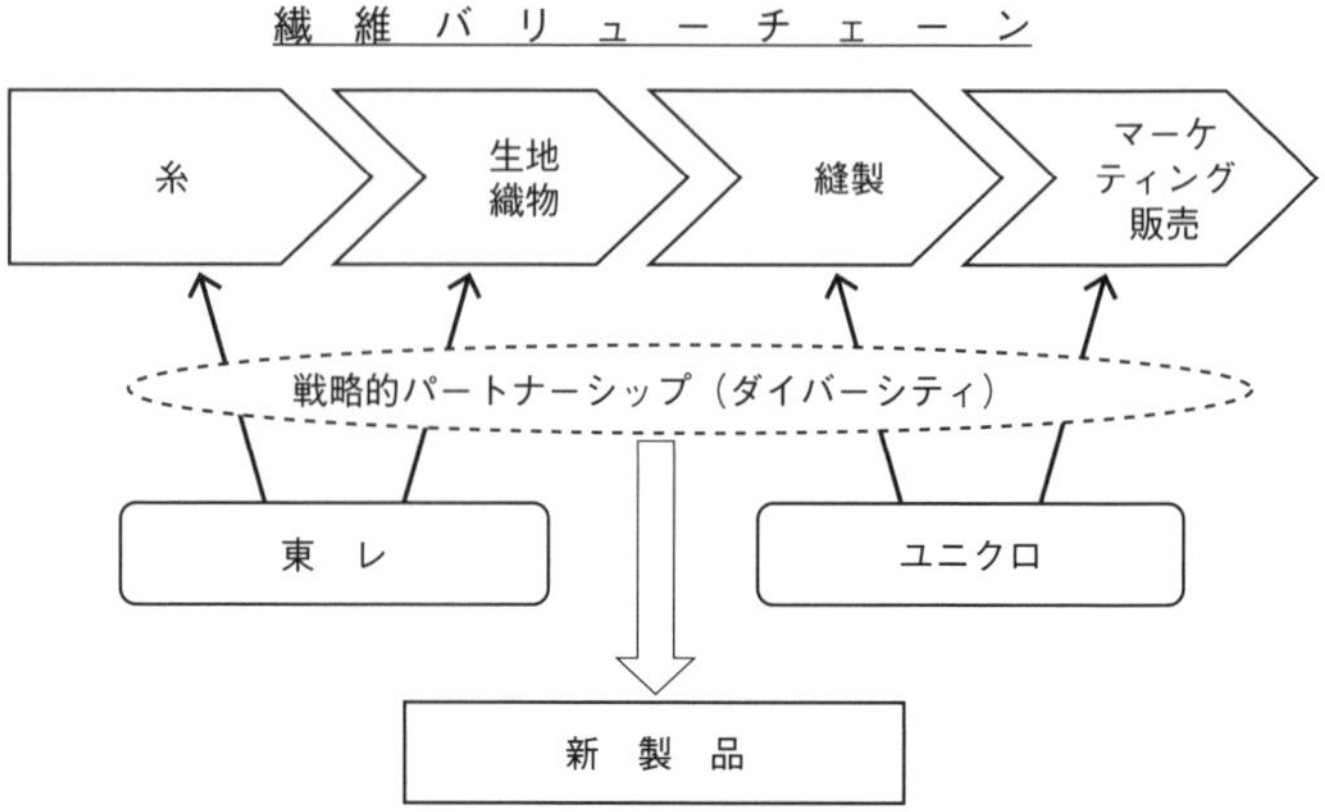

東レのホームページなど各種資料を基に筆者作成

ニクロが目指すスピードに対応できないからだ。大手でさえ繊維からの撤退が進んでいた日本では、東レが単独でバリューチェーンすべてに対応できる唯一の企業だった。

「こんなもの売れるはずない」という製品に思わぬ価値がある

既に述べたとおり、ユニクロは素材を大事にする企業である。東レの合成繊維素材を使って生地を作る際、ユニクロは吸水性や着心地といった付加価値を貪欲に追求した。海外の大手ＳＰＡメーカーも素材を大事にしていたが、綿製品が主流で、ユニクロのように合成繊維の付加価値にこだわる姿勢はなかった。

東レがまず取り組んだ機能性繊維は、吸水速乾の性質を持つ繊維だった。生地が二重三重構造になっており、肌に接する面の組織は粗く、外側の組織は密になっている。このため毛細管現象が起こり、素早く内部の汗を乾燥させて外部に放出する。今では多くのメーカーが「吸水速乾ウェア」を作っているが、元々東レが『フィールドセンサー』として開発し、１９８０年代に特許出願していた。２０００年頃から、この素材を使って、ユニクロとの共同開発が始まった。

ユニクロが商品化する以前も、機能性繊維を使ったアパレルは市場に存在した。米国製の『ゴアテックス』や東レ製の『エントラント』といった主にスポーツ向けに使われている「透湿防水」生地は、雨は中に通さないが、内部の水蒸気を外に逃がす機能がある。したがって、雨や雪でも体は濡れず、しかも蒸れずに快適だ。

しかし、それらはスポーツウェア用途が中心で、タウンウェアにはほとんど使われていなかった。そこに目をつけて機能性繊維をタウンウェアに転用したことがユニクロの成功要因だった。

透湿防水の素材だけでなく、冬に暖かい吸湿発熱素材もスポーツ専用に使われていたが大ヒット商品はなかった。同様のコンセプトでインナーに転用されたヒートテックも大ヒットした。

繊維業界に長くいると、吸水速乾や吸湿発熱の素材はスポーツウェア用に「あらゆる可能性を試した」という感覚になってしまう。したがって、機能性繊維をタウンウェア市場に転用しても「大して売れるはずない」と考える関係者が多かったが、意外にも大成功したことは業界で衝撃だった。まさにユニクロという「異業種」との提携によって新たな発想を得た成果である。

繊維に限らず同じ業界に長くいると「こんなことは常識で、世間の人は皆知っているはずだ」と思いがちだが、結構一般の人は知らないことが多い。そこに大きな事業機会がある。

三井化学

違うタイプの研究者を総合的に生かす

三井化学は、三菱ケミカルホールディングスや住友化学といった強力なライバルと凌ぎを削ってきたが、素材開発などの基礎研究に力を入れることによって、付加価値を追求してきた。特に、プラスチック素材を自動車材料向けに活用する事業は、同社最大のイノベーションといえる。

従来、自動車メーカーのニーズは「素材データ」で表現できたが、近年は「感性」に基づくニーズが増えている。顧客ニーズの変化に対応するには、顧客が望んでいるものを理解して、素材データに「翻訳」するセンスが研究者に求められる。

同社の諌山滋監査役（前代表取締役専務）は、このような人材を『シェフ型研究者』（以下、シェフ型）と名付けている。シェフ型と呼ばれるには、顧客・製品の理解と材料科学の幅広い知識がなければならない。

一方、社内には、スペシャリストとして、基礎研究や素材の深掘りといった化学研究を精緻に行うタイプの研究者も多い。新素材・技術の開発に長けているこのようなタイプを、諌山氏は『ファーマー型研究者』（以下、ファーマー型）と名付けている。

様々な食材をアレンジして顧客の望む作品に仕上げる「シェフ」と、大地と粘り強く格闘する「ファーマー」（農民）が、各々命名の由来である。

シェフ型は「翻訳者」である。顧客が望んでいるものを理解して、料理のように小まめに素材を選ぶセンスが必要だ。「翻訳」とは、顧客ニーズを分子構造に変換し、素材の改良に落とし込むこ

● 三井化学による知の融合とダイバーシティ

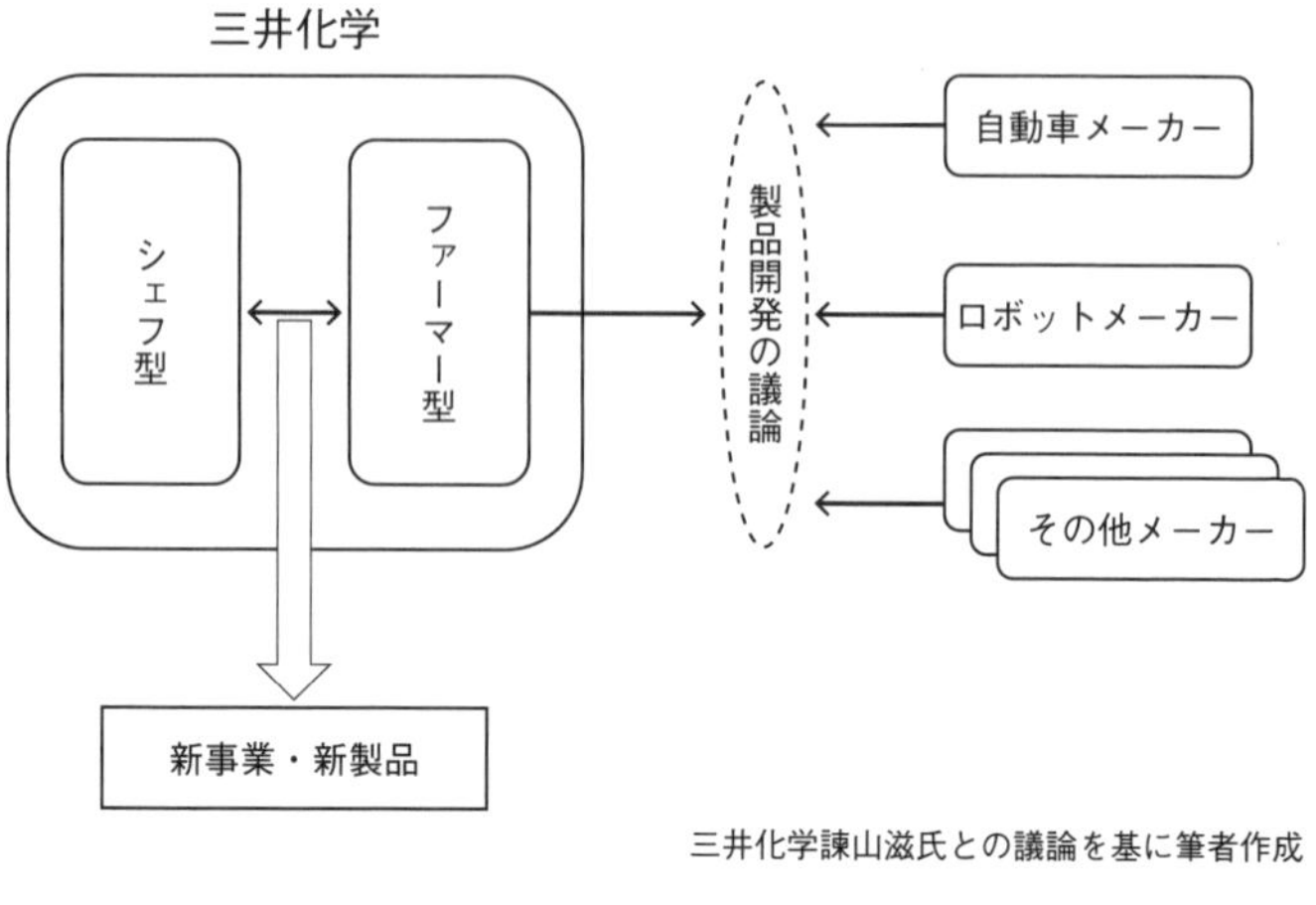

三井化学諌山滋氏との議論を基に筆者作成

とである。シェフ型は、専門技術分野はもちろん、材料化学の幅広い知識を持つ「T字型のオタク」でなければならない。加工、アプリケーションの部署にこのような人が多い。ファーマー型は、昔ながらのプロダクト・アウトで（まず技術ありきで、出口の市場は後で付いてくる）、古典的な化学研究を精緻に行う研究者だ。自分で作ることに喜びを感じ、作ったものが何に使われるか関心が低いタイプで、基幹材料を作る部署でよく見かける。

「顧客ニーズに基づく製品開発」を強調すると、シェフ型を重宝すべきと思いがちだが、同社はシェフ型だけではイノベーションは実現できないと考えている。両タイプの研究者が相互に力を発揮して初めて、成長が持続可能になる。

ダイバーシティが進みすぎた組織を管理する

三井化学は約100年前の石炭化学全盛の時代から、ずっと素材開発に関わってきた。合併や他社の吸収を繰り返してきた企業だが、1997年の三井石油化学工業と三井東圧化学の合併が最大のイベントだった。通常、合併企業は融合が難しいとされるが、三井化学にはそのようなことはなく、どの企業が本家本元か分からない「ダイバーシティ」が効いている組織である。

当初、経営の課題は、合併会社としてガバナンスを強化し、管理することだった。例えば、研究テーマの管理という課題がある。化学研究は応用分野が多いので、エンジニアリング研究などより事業化の出口が広い。言い換えると、化学の基礎研究者は、目標がはっきりしないのに研究テーマを拡散させる傾向がある。この場合、人材のダイバーシティが裏目になることがあり、組織を管理し、方向性を示すことが必要だ。

合併後、社内の事業本部間の縦割りが強くなって情報が滞り、あちこちで重複した研究が増えた。事態を改善するため、2013年、複数事業部門に分散していた研究機能がCTO（チーフテクノロジーオフィサー）の下に一元化され、縦割り解消に努めた。事業理念として打ち出されたのは、「オープンに知財や人材を持ち寄って、ひとつ上の次元の事業を立ち上げよう」だった。

この理念は、「何とか研究の風土を変えたい」という経営陣の強い意思の表れだった。何故なら、「変革」への抵抗が社内に存在したからだ。研究成果を出せば、事業部門長たちは納得してくれたが、研究所には、自分たちの拠り所である技術はたとえ社内でもオープンにしたくない風土があった。縦割り解消の過程で研究テーマが統合・削減されることがあるので、研究所長たちは神経質になる。そういったこともあり、研究所長たちに心底、変革について納得してもらわなければならなかった。

まず、コーチング会社の研修を七カ月ほど導入して、時間をかけて進めた。どうすれば一丸となって新製品・事業を生み出すことができるか、参加者に考えてもらった。次に「何故それができないか」を議論した。最初の頃、研究所長たちに、「新たな事業が出来ないのは事業本部のタテ割り組織のせい」という被害者意識があった。

ところが、議論を重ねる中で、自分たちはむしろ「狭い範囲に留まって組織・技術の融合を推進しなかった」という当時者意識が芽生えた。時間をかけて参加者が「腹落ち」し、お互い打ち解けるようになったので、「本当に社内の風通しが良くなった」と諌山氏は語る。

研究者は自分の研究成果によって評価されたいと思う人が多い。ただ、気をつけないと、研究のオリジナリティに固執して、製造部門や事業部門を「ひとごと」と感じるメンタリティにつながる。そこで、この風潮を変えるため、「研究者は研究一辺倒ではだめ」というメッセージが発せられた。

具体的には、研究部門の「純粋培養」人事ローテーションが改められ、研究者といえども、生産、販売、海外など他の部署を経験しなければならなくなった。諫山氏に言わせると「一度は『臭い飯』を食って来い。そうすれば、将来のキャリアが広がるよ」というメッセージになる。また、優秀だが隠れた人材に機会を与えるため、人材委員会で情報が共有された。

他部署に異動した研究者の中には、最初「自分は飛ばされた」と思う人もいた。ところが、「これは人事ローテーションであり、自分の経験値を上げる機会だ」ということを理解すれば、モチベーションが上がる。また、他部署を経験していない研究所長を異動させたこともメッセージ効果があった。一方、自分の研究テーマ以外に関心の低い人はローテーションに向かないため、技術レベルを磨くスペシャリストとして育成する配慮もされた。

このような改革は研究所長たちのリーダーシップが強くないと実行困難である。当時3年連続赤字で社内に危機感が強かったことも、改革を進めることができた原動力だった。

プラスチック加工技術を自動車材料に応用

三井化学は、過去に大きなイノベーションを実現している。その代表例が、コア技術である『ＰＰコンパウンド』の用途を自動車材料に拡張したことである。

ＰＰは『ポリプロピレン』の略で、炭化水素の合成によって作られる樹脂である。比重が低く強度が高い特徴があり、用途が幅広い。ＰＰは、元々包装材・文具などに使われていたが、強度があるといっても自動車材料に転用するにはハードルは高かった。そこで、補強材、添加剤などを混ぜて、「より強く、軽く、しなやかに」の改良を繰り返して、自動車材料に使えるレベルまで徐々に仕上げられた。

昨今の自動車業界では、車体の軽量化や、電気自動車（ＥＶ）対応のニーズが強いが、ＰＰコンパウンドは、そこで不可欠な素材になっている。トヨタ自動車が、１９８０年頃バンパー材料としてこの素材を採用したことが自動車利用の始まりだが、その際のコンペで三井化学の製品が選ばれた。以来開発が続き、１９９０年代半ばに大きな事業になった。

現在、自動車材料のＰＰコンパウンド市場における同社シェアは世界第2位で、日系自動車メーカー向け約6割、北米で約3割を占めている。

諫山氏によると、１９８０年当時の社内での反応は「ＰＰコンパウンドみたいな『混ぜもの』が自動車のような大きな事業に使えるのか？」というものだった。今は、単品の化学物質では複雑な顧客ニーズに対応できないが、当時は「純度が高いことが良い素材」という時代だった。

ＰＰコンパウンドは、自動車バンパー利用から始まったが、さらなる成長のために、広く車体材料としての展開が始まっている。バックドアに使われることも大きなターゲットだが、それにはバンパー用より高い強度が求められる。試行錯誤が続いて、長繊維ガラスで強化したＰＰコンパウンド（『モストロン』）を開発し、強度が必要なバックドアに採用されることになった。

ＰＰコンパウンドなど樹脂材料への追い風は、ガソリン車がＥＶに変わりつつあることだ。ＥＶの車体にはエンジンルームのような高温部がないので、本来高温に弱い樹脂がボンネットなどの金属材料の代わりになる。また、自動運転技術が普及して人為的ミスによる衝突事故がなくなれば、金属を樹脂で代替できる可能性が広がる。

このような自動車業界の変化に対応した製品開発ができれば、さらなる成長が見込まれる。三井化学は、世界の９つの生産拠点と６つの研究拠点を通じて、自動車メーカーのグローバル戦略にスピーディに対応できる体制を構築している。

顧客の感性的なニーズに応える『シェフ型研究者』

コア技術をクローズにし、それ以外はオープンにして足りない技術を外部から導入する戦略は、ファーマー型とシェフ型の2種類の研究者を併存させ、各々に活躍の場を与えることが不可欠である。

従来の化学メーカーは、自動車メーカーが「車体を軽量化できる材料が欲しい」と言えば、プラスチックの比重や強度などの物性データを示しながら議論していた。ところが、近年は「音を抑える素材はないか？」「触り心地の良い内装材はないか？」など、感性に基づくニーズが示されることが多い。

「車の高級感を演出するプラスチックが欲しい」と顧客が製品の使い途を感覚的に指定しているのに、化学メーカーが「当社の素材データはこうなっています」と返事していては、商売にならない。

感性を語る顧客に対して、研究者は「人間の五感をプラスチックの物性値に翻訳する能力」が求められる。自動車メーカーから「快適な車内空間を演出したい」という要求があれば、製品スペックを顧客に聞くのではなく、素材の組み合わせを提案しなければならない。同社理念に基く研究スタンスである「お客さんの欲しいをカタチに」はこのような考えに基づいている。

コア技術を磨くことが得意な『ファーマー型研究者』

こう書くと、「研究者は翻訳能力を磨かなければダメだ」という一方的な結論になりそうだが、それは誤解だ。

シェフ型が顧客ニーズを翻訳した後、自社が持っていない物質を開発することが必要だが、それはファーマー型の役割である。皆がシェフ型になると、「独自の差別化材料のない」つまらない会社になってしまう。三井化学は、素材のコア技術にこだわってファーマー型を大事にし、アプリケーションだけの企業になるつもりはない。

同社は自動車以外の市場にもコア技術を拡張している。大成プラスから導入した技術をベースに、従来困難とされてきた金属と樹脂の接着・接合を可能にする技術を開発した。これにより、ねじなどの接合部品点数を減らして、軽量化と製造工数削減を実現できる。

ファーマー型が開発したアルミと炭素繊維強化プラスチックを接合した材料が、ソニーと自動運転ベンチャーのZMP社が共同開発したドローンの骨格に採用された。ドローンの軽量化と飛行距離の延長には、三井化学のシェフ型が形状設計段階から貢献した。

化学業界では大きな変化が進んでおり、素材を提供するだけでは限界が見えている。変化に対応するためには、複数素材をハイブリッドにする、部品、部材の情報を併せて顧客に提供するなどが必要になる。その際、ファーマー型が持つ、分子式、物性値、構造、分子設計能力などのデータはクローズにして、商品化、生産の技術はシェフ型が外部から導入することも考慮するのが理想である。

単なるモノ作りから「ソリューション提供」企業に変わる

オープンイノベーションにより新市場に進出するのは、モノが売れなくなって困ったメーカーが、局面を打開するために始めるケースが多い。ただ、新興国企業とのコスト競争は激しく、新市場でもモノ作りだけでは苦戦することは変わらない。そこで、社会課題の解決に向けモノの販売にサービスを付加し、総合的な「ソリューション」の提供が増えている。

諫山氏は、ソリューションのことを「モノを作るだけでは限界がそのうち見えてくるので、付加価値を実現する追加機能を与える」と表現している。このような変化は自動車業界向けの素材開発だけでない。

同社は2016年にロボット材料事業開発室という部署を作った。日本には、安川電機やファナックのような世界的な産業用ロボットメーカーがあるが、以前は工場内で人とロボットが隔離されていたので、機械のメンテナンス時以外、安全性の問題は少なかった。しかし、オフィスや介護の現場でロボットが増えると、人との物理的な距離が縮まり、安全性への要求が厳しくなる。

「人と共生するロボット」には、人とぶつかった時の衝撃を和らげる柔らかい素材が求められる。三井化学は「柔らかい素材」を大量に持っており、ソフトカバー、センサー、ロボットアームの部品として、提案が始まっている。

国際標準化機構（ISO）基準で定められた強度を持つ素材を提供するより、「どうすれば人を安全な状態に保つことができるか」という感性に基づくソリューションが、ここでも求められている。

触れるだけで遠近のピントが切り替わるメガネ

三井化学は企業顧客に材料を提供する企業だが、初めて、個人顧客へのソリューション提供を行った。２０１８年2月、フレームに触れるだけで、レンズの遠近のピントが瞬時に切り替わる『タッチフォーカス』というメガネが発売された。フレームにセンサーが内蔵されており、指で触れると液晶レンズが作動して、遠近のピントが変わる。中高年ゴルファーは、ショットの時は近眼用、スコアを書く時は老眼用にレンズを切り替えれば良い。

この製品の開発は「屈折率の高さ、薄さ、軽さ、丈夫さ」というメガネレンズの物理的な改善が、ほぼ限界に達していることが背景にある。同社はメガネレンズ材料の改良に長い歴史を持つ。１９８０年代にガラスレンズがプラスチックレンズに代わった。その後、屈折率を上げてレンズを薄くする開発競争が続いたが、ほぼ理論的な限界に達している。

もはや、単に「薄くて軽い」レンズだけでは付加価値がないので、タッチフォーカスは「近眼用と老眼用でいちいちメガネを取り替えたくないが、頭が痛くなるので遠近両用レンズも使いたくない」という悩みへのソリューションになる。

モノ作りの改良が限界に達すると、顧客は「モノの性能以外の価値」を求める。タッチフォーカスは「便利さ」を提供しているが、「目の健康に良い」メガネも開発目標に掲げられる。例えば、色素をレンズに加えて「有害波長光をカットする」レンズは白内障の予防につながる。また、雨の夜のドライブで「雨に滲んだネオンが良く見える」レンズは安全な運転を可能にする。

ソリューションの提供先は消費者だけでなく、三井化学の素材を購入するメーカーも対象になる。例えば、「紫外線が当たると色が変わる」調光レンズは、フイルムを貼って製造するのが一般的だが、レンズ成型時に調光材を練り込む方式が開発された。こうすれば、レンズメーカーに「一工程減らす」ソリューションを提供できる。

富士フイルム

デザイン思考を社内の共通言語にする

現在の若者には、銀塩式写真フイルム（写真フイルム）を使うカメラ（フイルムカメラ）を見たことがないか、ほとんど記憶にない人が増えているはずだ。今は老若男女とも「写真はスマホで撮る」ことが当たり前になった。フイルムカメラを使うのはよほどのマニアだけで、プロのカメラマンも大抵デジタルカメラ（デジカメ）を使っている。

「本業消滅」の危機と向き合う

ところが、デジカメが登場するまで、写真撮影には１００％フイルムカメラが使われていた。国内の写真フイルム市場に本格的な変調が現われたのは１９９７年で、その年をピークに、約10年間で統計数字が出ないほぼゼロの水準まで市場は縮小した。産業史で他に例を見ないような衰退といえる。

フイルム撮影の減少分を埋めたのがコンパクトデジカメで、同じ期間に市場は約10倍に成長した（いずれもＣＩＰＡの統計データによる）。ただ、そのコンパクトデジカメも今ではスマホカメラに淘汰されつつあり、変化が止まらない。

写真フイルム業界で、長らく世界一だった米イーストマン・コダック（コダック）は市場の変化に対応できず、２０１２年に経営破綻した。同様に世界的な企業だった富士フイルムが受けた打撃も大きく、写真フイルム関連事業の売上高は、２０００年に約２６００億円のピークをつけて、その後10年間でほぼゼロになった。

フイルムカメラの市場を「破壊した」デジカメの原理発明は意外に古く、１９７５年にコダックの研究者によるものだった。その後、１９９０年代に様々な企業が商品化に取り組み、富士フイルムも1996年に本格的なデジカメの店頭販売を開始している。

コダックと富士フイルムが牛耳っていた写真フイルムの市場の競争は比較的安定していたが、ソニーやパナソニックなど多くの電機メーカーが参入したデジカメ市場は、過当競争になることは目に見えていた。

そこで、富士フイルムは祖業であるフイルムを中心とした業態を「変える」決断をした。写真フイルム市場のピークアウトに対応できなかったコダックと異なる英断だった。富士フイルムは2001年、米ゼロックスとの合弁企業・富士ゼロックスを子会社化し、複合機、ソフトウェア、ネットワーク業務の比率を高め、新規事業への進出が加速された。

富士フイルム『オープンイノベーション ハブ』（OIH）館長の小島健嗣氏によると、同社はそれまでクローズに研究開発する自前主義の企業だったが、本業を失なった時点でオープンイノベーションに舵を切った。自前主義の企業がオープンに変わろうとする時、大抵内部から反対意見が出るが、「本業がなくなる」という危機感は変革の強い動機となった。

「融知・創新」というコンセプトを打ち出す

２００４年に古森重隆社長（当時、現会長兼ＣＥＯ）が、「これからは知恵を融合して新しい価値を創ることが重要」として『融知・創新』というコンセプトを打ち出した。研究開発組織を変革し、フイルムで培った技術の棚卸しをして、12個のコア技術と９個の基盤技術に集約した。「ヘルスケア」「高機能材料」「ドキュメント」など重点分野を明確にし、技術を組み合わせて新製品を開発するという方針が打ち出された。

融知・創新のプロセスは、「社内の知のダイバーシティ」を最大限活用することだった。それまで、写真など工場別に行っていたラボを統括し、長期テーマを扱う「コーポレートラボ」、中期テーマを扱う「ディビジョナルラボ」などに再編成された。研究リソースの再配分は、自社技術を、「将来性がある技術」と「将来性が乏しい技術」に区分けすることを意味する。当然、予算が減らされて不満に思うグループがあった。ただ、本業がなくなるという危機感は様々な不満を抑える効果があった。

写真フイルムを中心とする業態との決別を明確化するため、２００６年に社名もそれまでの『富士写真フイルム』から現在の『富士フイルム』に改められた。

ただ、社名や組織が変わっても、社員のマインドセットを簡単に変えることはできない。そのためには、苦労と試行錯誤が続いた。

「縦割り組織」から「横のコミュニケーション」への転換

近年、データ分析による論理的な思考だけでは他社と差別化することが難しくなった。そこで、デザインの感性をビジネスに利用することが増えている。それをイノベーション創出の方法論にしているのが流行りのデザイン思考である。

デザインを、科学的な思考方法とする手法は1960年代から存在したが、デザイン思考をビジネスにつなげたのは、1991年に米IDEO社を設立したデビッド・ケリーが最初とされている。

IDEOは、デザイナーがビジネスのプロセスに参加し、デザインの方法を応用してイノベーションを目指すことを提唱しており、近年多くの日本企業がこういった手法を導入している。ところが、デザイン思考は社員研修のツールにはなったが、イノベーション力を高める効果までは見出せていない企業が多い。

元デザイナーだったOIH館長の小島氏は、当時「融知・創新」実現のプロジェクトを一緒に動かしていた富士ゼロックス知識経営コンサルティング『ＫＤＩ』のメンバーから、ＩＤＥＯのデザイナーだった石黒猛氏を紹介された。そして、「融知・創新の実現にはデザイン思考を使って『社内の共通言語』を作れば良い」という仮説に至った。

縦割りが長かった組織で、社員がいきなりオープンに交わることは容易でない。ある時、小島氏は、研究員が「横」のコミュニケーションを取る意味を納得しないのは、社内で「共通言語」がないためだと気がついた。優秀な研究者が多い組織では、皆高い専門性を有しているが、それらを「横展開する共通言語」を持っていないので、お互いに交わろうとしない。

そこで、共通言語になると着目したのは「プ

● 富士フイルムによる知の融合とダイバーシティ

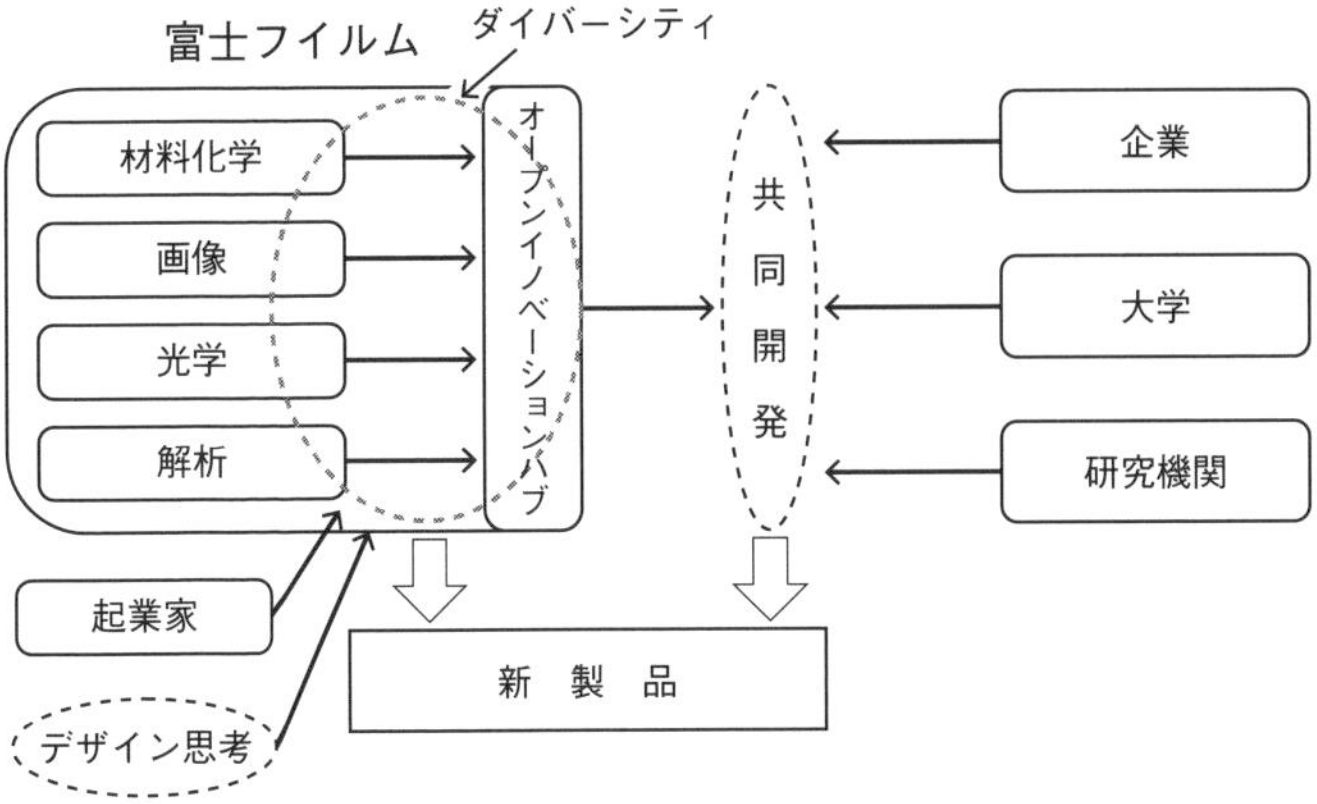

富士フイルムのホームページを参考に筆者作成

ロトタイプ」（試作品）である。研究者がプロトタイプを作る際、一度で完璧なものはできないので、作っては壊し、そして改良することを繰り返す。このプロセスで、研究者は必然的にコミュニケーション能力を磨く。

デザイン思考では、アイデアを出してプロトタイプを作るが、製品やサービスを研究対象にする場合、比較的「形」にしやすい。ただ、「素材」や「現象」を対象にした研究では、プロトタイプを作る機会がない。そこで、材料の観察をして、その「本質は何か」を徹底的に議論することにした。

社内組織のデザインセンター所属のデザイナーが先進研究所に出かけ、若手を中心に議論してワークショップとして仕上げた。

自分が「やりたいこと」をやる

同社ＯＩＨの社員教育プログラムに、ベンチャー企業経営者に、若手研究者の前で事業の情熱を話してもらうコンテンツがある。ベンチャー企業は自分たちが「やりたいこと」を実行しており、やりたいことを我慢する大企業的な「会社の論理」がない。会社の論理を言い訳にして行動しない社員にとって、良い刺激になる。

プログラム中で、エンターテイメント事業『人工流れ星』を開発するＡＬＥというベンチャー企業に来てもらった。特殊な素材の粒を人工衛星から宇宙空間に放出して大気圏に突入させると、粒が大気圏で燃焼して、地上からは流れ星のように見える。ＡＬＥによると、最大で２００㎞圏内で観測することができ、流れ星を人工的に作るイベントを東京オリンピックに向けて計画している。

東京大学理学部天文学科を卒業して同社を立ち上げた岡島礼奈氏は、科学をエンターテイメントにつなげる「やりたいこと」の情熱を語った。話を聞いた若手研究者にとって初心を思い出す機会になった。

社内にも「やりたいこと」を成果につなげた研究者がいる。写真フイルムの感度を上げる「増感」技術の研究者が、インフルエンザの「15分診断キット」を開発した。

インフルエンザに罹った患者はクリニックで抗生物質を処方されるが、症状だけでは風邪かインフルエンザかの区別はつきにくい。そこで専用キットを使って診断するが、以前は結果が出るまで時間がかかっていた。そのため、インフルエンザの季節にクリニックの待合室はどこも順番を待つ患者でごった返した。同社が開発した15分診断キットは、医者にも患者にも喜ばれている。

開発を担当した研究員は、自分の子供がインフルエンザに罹った疑いがあるのでクリニックに連れて行き、長時間待たされて閉口した経験から「こんな診断キットを作りたい」と思いついた。自分の実体験から、「やりたいこと」を発想したイノベーションの例だ。

懐疑的な人たちを「ホラを吹きながら」巻き込む

ただ、やりたいことを実現するためには、研究開発に優れた人材や論理的に事業を説く人だけでは不十分である。周囲を巻き込む能力を持つ人材がプロジェクトをリードしなければならない。

新規事業では先が見えないので、誰かがアイデアを語っても大半の人が反対する。後付けの「イノベーション成功ストーリー」を聞くと、最初からロジカルに考えて予定通りに進めたように誤解するが、実際は思ったようにならないケースばかりだ。

例えば、「この技術シーズは農業分野で絶対にモノになる」と担当者が確信しても、紆余曲折を経て介護分野で事業化されるようなケースがある。

周囲の反対を押し切ってアイデアを形にするには、冷静沈着に予測を語るだけではダメで、事業への強烈な「情熱」や、半信半疑の人たちを「巻き込む力」が必要である。ただ、アイデアを拡散させるには情熱だけでもダメで、ストーリーに「ロジカルさ」が求められる。筆者は、このような人材を「知的なおっちょこちょい」と呼ぶ。

富士フイルムの「知的なおっちょこちょい」の代表格は、元副社長ＣＴＯの戸田雄三氏といえる。戸田氏は、周囲の冷ややかな目を押し切って、化粧品、再生医療の新規事業を進めた。

彼は千葉大学で写真工学を学んで富士フイルムに入社し、写真用コラーゲンを長年研究した。写真フイルムを中心とした業態を変えることが決まった時、写真フイルム以外に応用範囲が広い「コラーゲンの将来性」について確信を持っていた。ただ、「フイルム屋がコラーゲンを使って化粧品や医薬品を開発できる」と言っても、周囲は簡単には納得しない。

２０１５年3月のフォーブス・ジャパンのインタビュー記事で、戸田氏は次のように語っている。１９８９年にカラーフイルムの生産部門の課長に就任した時、彼は新規事業に挑む心得として部下に次のように話したという。

「僕は、ホラは吹くけど、嘘はつかない」

彼によると、ホラは「明日の夢」を語ること、嘘は「昨日の過ち」をごまかすという違いがある。

　彼が化粧品や再生医療立ち上げの責任者になった時も、周囲の反応は冷ややかだった。そこで、「ホラ吹き発言」に重ねて、新しく赴任してきた部長クラスに、「新規事業には『ホラ吹き』のリーダーを支える『バカ1』や『バカ2』がいる。悪いけど、『バカ1』になってくれないか」と頼んで、断られたりしている。

　新規事業に本当に賛同してくれる人は社内でも2〜3%しかおらず、残りは無党派、無関心派。「どっちでもいい」と考える人は、結局は反対派、抵抗勢力と同じだ。そこで、彼は、反対派に「面白い」と思わせるために、「小さくてもいいから成功例を作ろう」と考えた。

　新規事業を立ち上げる時、反対一色の周囲を押し切って進めるには、思い込み、執念が必要だが、人によってそれらを維持するやり方が違う。戸田氏の場合、「ホラ吹きになること」がそうだった。彼のようなイノベーターが起爆剤にならないと物事は進まないが、組織がそういう人材をサポートしなければならない。

新規事業のシンボルになった化粧品

富士フイルムの新規事業のシンボルといえる化粧品開発は２００３年に始まった。化粧品と写真フイルムは一見違うが、実は両者の親和性は高い。フイルムは厚さが20㎛程度で、酸素に触れると劣化する。一方、人間の皮膚の角層の厚みも20㎛程度で、酸化が老化やがんの原因になる。つまり、長年のフイルム酸化防止の研究は、細胞の酸化を防ぐ研究に応用できる。

写真用フイルムには原料としてコラーゲンが使われており、米イーストマン・コダックはコラーゲンを大量に抽出するため、何と牧場を保有して牛を飼育していた。富士フイルムにも乳化やコラーゲンの豊富な研究蓄積があった。

同社は２００６年、初めて化粧品に参入、２００７年に『アスタリフト』の販売が開始された。当初、富士フイルムが化粧品を作ることに違和感を持つ消費者もいたが、参入から4年でアスタリフトの売り上げは１００億円を超えた。健康に良いため注目されているアスタキサンチンをナノ化して商品開発されたが、これも写真用フイルムのナノ化技術の応用だった。

消費者はブランドへのこだわりが強い人が多い。新しいブランドの化粧品に変えることは、化粧の段取りを変えることになる。

そこで、ブランドを変えることに抵抗が強いファンデーションなどは避け、まず化粧水や先行美容液などから参入が始まった。先行美容液は洗顔後化粧水をつける前に塗る。抗酸化作用を強調した先行美容液は、肌に化粧品が馴染まなくなった中高年にニーズがあり、富士フイルムのターゲット層にも合った。

当初は『アットコスメ』という化粧品口コミサイトを活用して販売し、人気ブロガーやインフルエンサーに、商品を使った感想記事を書いてもらった。単に試供品を提供するだけでなく、ネット上で自社研究者との対話をセットして、商品機能を正確に理解してもらったことも効果的だった。

資生堂などの大手化粧品企業は、デパートに多くの対面販売員を置いて、顧客に説明しながら販売する手法を取る。ネットを通じた販売は、対面販売のようなコストがかからないが、顧客の拡大に限界があることも事実だ。

日本の化粧品市場では、デパートで販売することによって商品ステータスを上げることが重視されている。ただ、資生堂ですら、1ブランドの最大売上高は200億円程度なので、デパートで販売するには商品ラインアップ数を増やさなければならない。新規参入企業にとって高いハードルである。

欧州の高級サロンや『パリコレ』にリーチ

富士フイルムは、対面販売、口コミサイト以外に、仏ロレアルのような富裕層をターゲットにするマーケティングも研究している。

２０１７年９月、同社と花王は、従来と異なる髪染め剤の共同開発を発表した。『レインボー染料』という名称の「非反応型持続性染毛染料」である。

従来の髪染め剤には、染料の鮮やかな色が出せず、くすんだ色になるという問題があった。解決策として、フイルム写真に使用する色素関連技術の転用が浮上した。富士フイルムにとって古い技術だが、まさか髪染めに応用できるとは誰も考えつかなかった。たまたま、花王と意気投合したことが商品開発につながった。

レインボー染料は、「毛質内に染み込んで、髪を傷めず且つ鮮やかな色を出す」ことを目標に、富士フイルムの材料技術と花王の色評価技術を使って開発された。この商品は花王によって欧州の高級サロンで販売が始まっている。

富士フイルムと高級品市場は、従来つながりが薄いと思われていた。そこに参入するには、今までと違った角度で技術をプレゼンする必要がある。

アーティストのマドンナやレディ・ガガの衣装デザインを手掛けている、中里唯馬氏というファッションデザイナーと同社はコラボしている。2016～2017年の『パリ・オートクチュール・コレクション』(パリコレ)で、中里氏はインクジェット技術を使ってフイルムに印刷したドレスを発表した。オーロラのような輝きを放つ作品で、ファッション誌にも取り上げられた。

パリコレは、オーダーメードの一点物であるオートクチュールを発表する場である。また、パリコレは、自動車の『F1』のようにメーカーの技術力をプレゼンする場でもある。同社の技術力によって「尖った」服を作ることは、高級品市場にマッチする可能性がある。技術力アピールといって有名な科学者を起用しても、ターゲットにメッセージが届くとは限らない。

JR九州
社外からのスカウト組に活躍の場を与える

ＪＲ九州の本業は「鉄道事業」である。鉄道が本業といっても、同社は長年サービス業で多角化を進めており、ホテルやリゾートなどの事業も手がけている。ただ、リッツ・カールトンや和倉温泉の加賀屋のように、世界レベルの「高級サービス事業」の経験は同社になかった。

創業期に車を作った経験がなかったトヨタが社外から車に詳しい人材を集めたように、社内に経験やスキルがない分野に進出するなら、経験やスキルを持った人材を採用することによって補えばよい。それがイノベーションへの近道である。このやり方で、日本初の本格的なクルーズトレイン『ななつ星 in 九州』（ななつ星）が開発された。

地方創生の新ビジネスモデルとしての『ななつ星』

２０１２年にスタートした第２次安倍政権の当初の目玉政策は「地方創生」だった。首都圏への一極集中の裏側で、人口減少が顕著な地方自治体が増えている。そこで、地方創生の目玉として観光を前面に出す自治体が多い。

温泉、海や山の自然、地元の食材などを売りにして、国内・海外からの観光客をどうやって地元に呼び込むか、どこも腐心している。ただ、場所は違っても観光資源として似たものが多く、競争は熾烈である。結果的に隣の自治体と「パイ」を食い合っている。

地方の衰退に苦しむのは鉄道会社も同様である。地域の人口が減少すれば運賃収入が減るので、観光客が増えるのは願ったり叶ったりだ。しかし、観光客の鉄道利用は一時的なもので、バス、タクシー、ハイヤー、レンタカーとの競合もある。このように、地方の鉄道事業も「縮小するパイ」を食い合っている。食い合いをやめて「イノベーションを作ろう」といっても、鉄道は規制事業であり、補助金を受けることが多く、自由な発想は生まれにくい。

ＪＲ九州の『ななつ星』は、観光や地方鉄道特有の限られたパイの食い合いから一線を画した事業である。単に列車の客室を豪華にしたのではなく、ホテル、レストラン、レジャー施設などでキャリアを積んだ人材を外部からスカウトして、「クルーズトレイン」の商品開発に充てた。顧客が感動するようなもてなしをする「高級サービス事業」をよく知る人材によって、移動手段である列車を、「レジャー商品」に仕立て上げることができた。

このイノベーションは鉄道事業にどっぷり浸かった組織では実現不可能で、プロジェクトに関わる人材はダイバーシティが高くなければならない。それをトップダウンで進めたから、ななつ星は実現できた。

高級サービスの「感動」と鉄道事業の「安全」を組み合わせる

ななつ星は2013年10月に運行を開始した日本初の「クルーズトレイン」である。出発地から九州7県を巡って元の出発駅に戻ってくる。普通に観光競争をすると九州の隣県同士でパイを食い合うが、ななつ星は通行するすべての県と協力して相乗効果を上げている。

鉄道事業の本来の目的は移動手段の提供であり、利用人数に比例して収益が変わる。ところが、クルーズトレインは単なる移動と異なる価値を提供する。車両内の個室、食事は豪華で、クルーのサービスは高級ホテル並みに行き届いており、通常の鉄道乗車にはない「感動」を得ることができる。単価を通常の運賃より大幅に高くしても集客可能で、比較的少ない利用者から安定した収益を得られる。

ななつ星のヒントになったのは欧州、ハワイ、カリブ海などで運航されている豪華クルーズ船だ。料金は高いが、リピーターを獲得している船が多い。

ただ、豪華クルーズトレインに高い料金を払ってくれる人が日本にどの程度いるかは開発段階で未知数だった。しかし、JR九州の唐池恒二社長（当時）は、自著で「事業の成功に大きな確信を持っていた」と語っている。何故なら、欧州やハワイの豪華クルーズ船の日本人ファンは少なくないからだ。

蓋を開けてみると、1人当たりの旅行代金が50万円から80万円もする商品に、定員の7倍強の予約申し込みがあった（当初の3カ月）。55万円のデラックススイートは、初回76倍の競争率になり、ホテルで乗車チケットの抽選会まで行われた。国内に存在しない市場を切り開く試みは大成功だったといえる。

鉄道事業の常識を破る

この事業で重要なことは、今までの鉄道事業の枠組みや常識を取り払わなければならないことだ。欧州の豪華クルーズを知っている乗客に満足してもらうことは簡単でない。鉄道は、「早く」「正確に」「安全に」乗客を運ぶことに慣れていても、「最高に快適な」旅行の提供には慣れていないからである。

開発に携わるスタッフは、「高級サービス事業」を知る人材と、鉄道事業を知る人材の組み合わせになった。ななつ星の場合、初運行の1年前、25人のクルーが選抜された。元々社内にいた人と、社外の公募に応じた人が半々の構成だった。公募組は、30倍の競争率を勝ち抜いた、国際線のベテランCA、名門ホテルのコンシェルジュ、高級レストランのソムリエなどが含まれていた。公募組には、既存鉄道事業の枠を超えることが期待された。

ななつ星の旗振り役だった唐池氏は、「クルーはお客様の家族の一員、パートナーになってほしい。私がななつ星に求めるサービスは、『寄り添うようなサービス』だ」とクルーたちに求めた。

● JR九州による知の融合とダイバーシティ

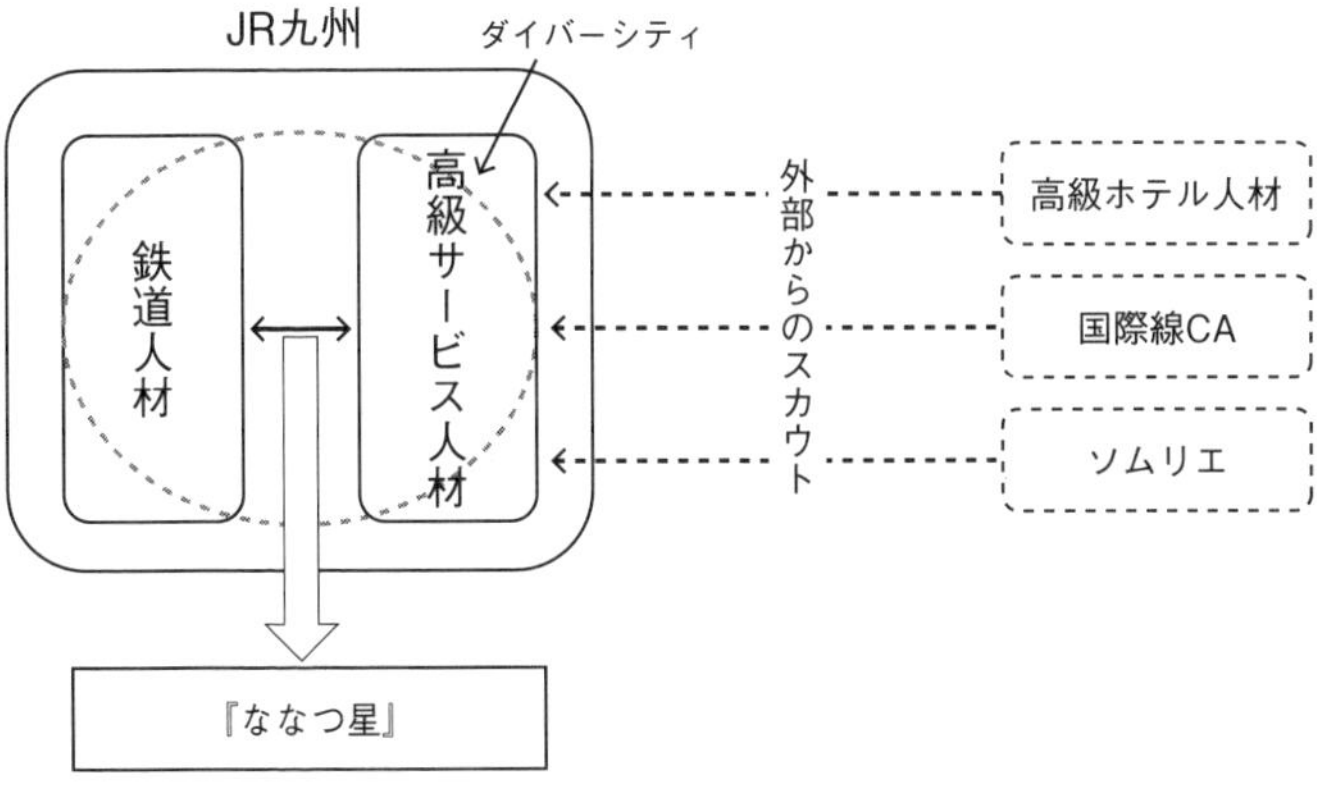

各種資料を基に筆者作成

高級ホテル、高級旅館とも違う日本初のサービスを作るには、様々なサービス業のソフト、ノウハウを集めなければならなかった。

オリジナルの高級サービスを作って徹底的に質にこだわったことが、ななつ星の成功要因だが、唐池氏は「情報のコントロール」も成功要因に挙げている。

運行開始前に、ななつ星の準備状況が頻繁にプレス発表されたが、製作中の車両画像がネットに流れることを防いだ。車両製作工場の職員たちに、カメラ付き携帯電話を現場に持ち込むことを禁じる徹底ぶりだった。事前にネットに画像が流れないことはある種の「神秘性」を生み、ななつ星のブランド価値を高めることに役立った。

コニカミノルタ

強大なライバルと戦うために「異質」を取り込む

コニカミノルタは、2003年に写真・複写機関連製品のメーカーであるコニカとミノルタが合併してできた企業である。合併の原因にもなったカメラ、写真フィルム市場の衰退は深刻で、2006年に祖業である「カメラ・写真フイルム」事業からの撤退を発表した。

組織再編により、同事業部の社員は他の部門に移ったが、お互い相性が良い引き受け手がない場合は、「全社テーマ」の研究所に移り、新規事業に取り組んだ。事業再編と本業からの撤退がセットになっていたので、社内では「新しいものを作らなければならない」という危機感が強くなった。

同社の松﨑正年取締役会議長（前社長）は、社長に就任した２００９年、「自社の持続的成長のために、常にイノベーションを目指すことが必要」というメッセージを発した。厳しい事業環境を乗り切るため、新しい挑戦が不可欠なことを社員に理解させるため必死だった。

イノベーションの具体的な手法として、松﨑氏は「３つの組み合わせ」を社員に求めた。①自社コア技術同士の組み合わせ、②自社と他社技術との組み合わせ、③モノ作りとＩＴの組み合わせである。

自社コア技術同士の組み合わせ例として、有機ＥＬと光学がある。有機ＥＬのような材料だけでは事業の出口を見つけることは難しいが、これに光学を組み合わせると、「発色効率が良い有機ＥＬパネル」という売れそうなものを開発できる。

また、自社技術と他社技術を組み合わせる場合、自社単独では実現できない価値を提供できるようになるかをチェックされた。自社だけで事業化できるのであれば、あえて外部技術を探す必要はない。

コニカミノルタは、材料、光学、画像処理に強いが、画像信号の読み取りやＩＴに強いといえない。ただ、こういう分野は積極的に外部から技術導入すればよい。日本で他のハード機器メーカーと比較して、同社がＩＴとの組み合わせに取り組んだ歴史は長い。

技術の組み合わせは、「技術の差別化」を目指すこととは限らない。顧客が、何か「不都合」を感じていたら、それを放置せず何らかの解決策を考えるべきだ。そのために組み合わせ

● コニカミノルタによる知の融合とダイバーシティ

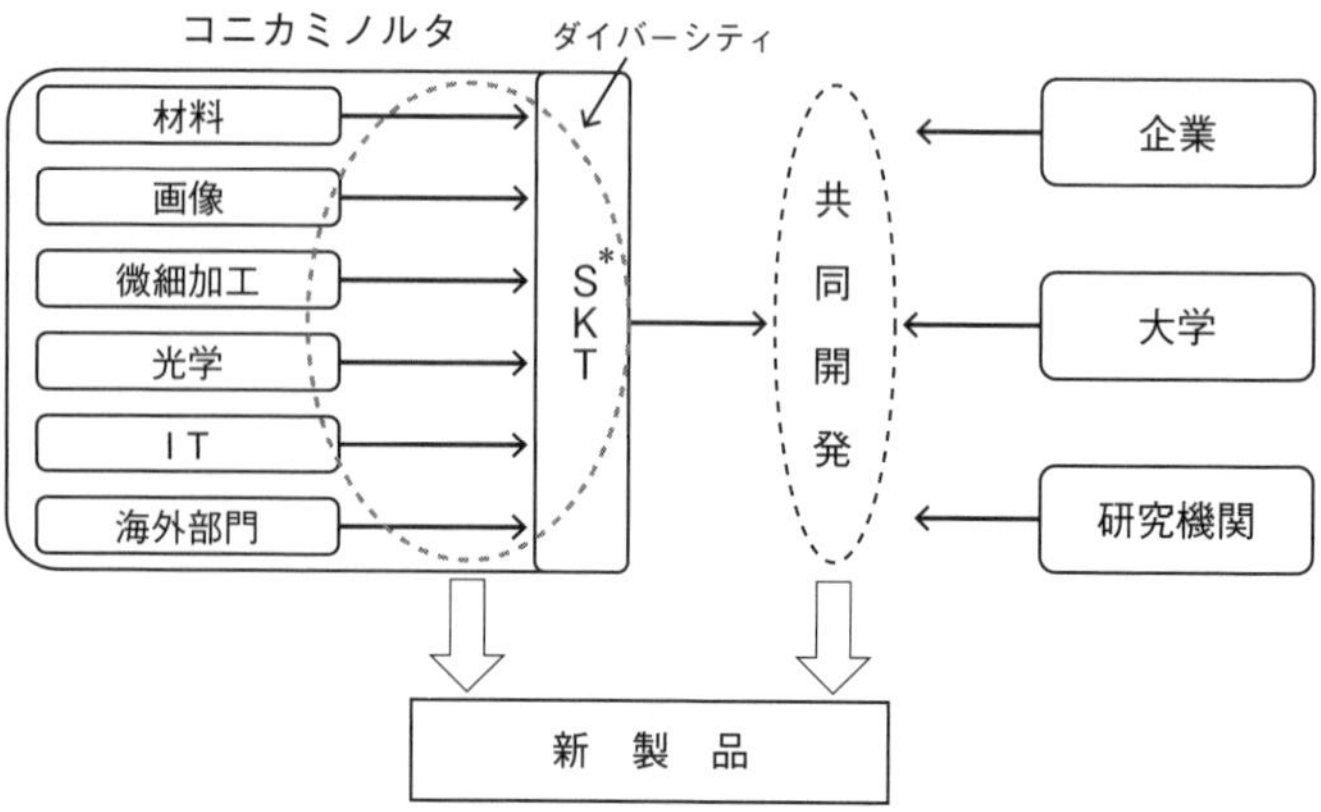

＊SKT：第5章参照

コニカミノルタのホームページを参考に筆者作成

は有効で、単体技術の進化にこだわりすぎると顧客が置き去りになる。「技術でなく顧客を中心に据える戦略は、2006年にCTOに就任した時から考え続けた結論です」と松崎氏は語る。

外部との議論を伝統的に奨励

コニカミノルタは、元々自前主義でなく、外部との交流に熱心な企業だった。過去に化学メーカーに数十人で押しかけて議論したこともある。自社製品を使って外部と議論することは開発に有効である。

たとえば同社の戦略商品であるコピー機を、自分たちはよく理解していると思いがちであるが、コピー機は約3万点の部品から成り立っており、自社だけですべての部品を賄うことは不可能である。したがって、コピー機をバラバラにして部品を眺めながら、他社と「製品」や「ビジネス」の議論を行うと様々な発見がある。自社だけの研究開発でなく他社との議論を奨励するのは、ニーズとテクノロジーの組み合わせを考えることが目的だ。

2014年から技術者の評価軸が変わり、「情熱」「オープンで正直」「協力的」「イノベーティブ」「顧客優先」「説明責任」という6つのポイントが明確化された。

また、失敗には多少目をつぶり、あえてプラス面を評価するような基準に変わった。自前主義で社内に閉じこもって仕事をしていると、相手のマイナス面がよく見えるが、外部とのオープンな提携を促進するには、加点主義で人材を評価しなければならない。

「ジャンルトップ戦略」によってライバルの後追いを避ける

理念、指針が提示されても、社員の考え方や風土はなかなか変わらない。そこで、松崎氏は「ジャンルトップ戦略」を打ち出した。世界市場で有数のライバル企業と同じようなことをして彼らの間に埋没するのでなく、他社がまだ目をつけていないが魅力的な「ジャンル」で世界トップを目指す戦略である。同社が「世界初」にこだわってきた伝統も、この戦略とマッチした。

ジャンルトップ戦略では、「負けてもしょうがない」は許されず、トップを取るための具体的な行動目標が求められた。カラー・オンデマンド印刷機、超音波画像診断装置、光源色計測機器などがジャンルトップの成果である。ちなみに、コニカミノルタの駅伝チームは社会人大会でトップレベルだが、これもジャンルトップ戦略の1つである。

同戦略の成功例である「カラー・オンデマンド印刷機」は次の経緯で開発、販売された。印刷機の市場には、リコー、キヤノン、富士ゼロックスの「ビッグ3」という強力なライバル企業がいる。コニカミノルタが彼らと同じジャンルで競争すると不利である。

印刷がアナログで行われていた時代、「版」を作って試し刷りが必要な「オフセット印刷機」が一般的だった。その後、「版」を作らず画像を直接データに加工する「デジタル印刷機」が普及した。「版」が不要なため工程の時間が短く、内容の細かい修正が可能など、デジタル印刷機は小回りが効く。結果的に、多くのバージョンを少ない枚数でも印刷でき、顧客の注文があればすぐ完成する「オンデマンド印刷」が可能になった。

本、新聞、雑誌などの出版物は一度の印刷枚数が多く、印刷コストを抑えることが求められるため、オフセット印刷が有利である。これに対して、カタログ、チラシ、ダイレクトメール、名刺などの商業印刷は一度の印刷枚数が少ないため、オフセット印刷機よりデジタル印刷機を使った方が、コストがかからない。また、出版物と異なり商業印刷は内容を頻繁に変更しなければならないので、デジタル印刷機によるオンデマンド印刷が向いている。コニカミノルタはこのジャンルに目をつけた。

さらに、オンデマンド印刷機は、印刷の受注から印刷データの編集、工程管理、製本など、顧客のワークフロー一括管理ができ、これがアナログのオフセット印刷機と比べた強みである。

ただ、顧客が求める印刷品位を実現できなければ、使ってもらえないので、まず、品位への要求がそれほど高くないマニュアル、セミナー用資料、教材、ダイレクトメールから事業が開始された。その後、商品改良によって印刷品位を高め、品位への要求がより厳しい、自動車、化粧品、食品、マンションなどの、カタログやダイレクトメールに事業を拡大した。

印刷機市場でデジタル印刷機を広く売るのではなく、ターゲットを絞り、カラー・オンデマンド印刷機に注力することがコニカミノルタのジャンルトップ戦略だった。

戦略構築の過程で社員が企業内プリントセンター（ＣＲＤ）、プリントショップ、中小印刷業者に出向き、市場調査をした結果、カラー・オンデマンド印刷へのニーズが大きいことが分かった。そこで、これら顧客の月間印刷量にマッチした新製品をビッグ３に先駆けて市場に提供し、顧客の反応を集めて素早く改良を続ける「リーンスタートアップ」戦略が実行された。この方法でライバルとの差別化が図られた。

また、米フェデックスからキンコーズ・ジャパンを買収して、キンコーズのプリントショップが持つ法人営業ルート向けにカラー・オンデマンド印刷機を拡販した。ジャンルトップは、ターゲットを絞り、戦略的にM&Aを駆使してビジネスを進めた成果だということが分かる。

ジャンルトップ戦略は、一見成熟した市場にも生かすことができる。北イタリアでアパレルブランド用の生地を製造している企業向けに、布地染色に使えるインクジェット印刷機が開発された。

高価なアパレルブランドは希少性があるので大量生産しなくてよい。同時に、生地の色やデザインなど印刷品質へのこだわりが強い。この機器は欧州ブランドの生産拠点になっているトルコや、近年環境規制が厳しくなっている中国での採用が続いている。

商業印刷のデジタル化比率は現在5%程度しかない。パッケージ、ラベル、テキスタイルなどの産業印刷は商業印刷より市場が大きいが、この分野のデジタル化比率はさらに少なく、3%に過ぎない。カラー・オンデマンド印刷機が両市場で普及すれば、大きな成長が見込まれる。

コア技術を活用した新市場の開拓

コニカミノルタは自前主義にこだわらず、コア技術を定めて、それ以外は積極的にオープンにしている。自社技術にこだわる研究者がいたとしても、ジャンルトップ戦略にはスピードが必要なので、良いタイミングで「割り切る」ことが求められる。

自社技術を活用して新市場に進出する場合、「技術は同じだから市場が変わっても対応できるだろう」と思いがちだが、そううまくは行かない。業界によって「バリューチェーン」が異なるからである。バリューチェーンは、研究開発、材料調達、生産、物流、マーケティング、販売といった一連のプロセスを指すが、これが業界によって違う。

例えば、化学品のメーカーが医療に参入する場合、おそらく知らない商習慣だらけで、戸惑いの連続になる。素材の質や部品の機能が良くても、業界のピラミッド構造のどこを攻めるべきか分からなければ、成功しない。

近年異業種から医療へ進出する企業が増えているが、コニカミノルタの医療進出の歴史は長い。自社のコア技術を活用して、X線フイルム、現像処理機、処理剤などの医療商品開発に取り組んできた。その経験があるからこそ、「医療のデジタル化」に対応できる。

医療現場では、X線診断の画像をデジタル処理する比率が高まっている。デジタル化の原理は1970年代に開発が始まったが、コンピュータの処理能力の高まりとともに実用化が進んだ。一般のカメラが、写真フイルムからデジタルへ撮影方法が変わったのと同様である。

　デジタル化に対応して、コニカミノルタの事業も、フイルムや試薬の消耗品販売から、「フラットパネル・ディスプレイ」（ＦＰＤ、Ｘ線平面検出器）、「画像処理コンピュータ」「保守サービス」に転換された。

　Ｘ線センサーと画像処理技術は同社が長年取り組んで来た技術だ。製品のデジタル化に際して、医療現場でのニーズを徹底的に調べて商品仕様に落とし込み、自社に足りない技術は外部から補った。

　例えば、ＦＰＤの場合、発光と画像処理のコア技術を生かし、画像の読み出しとバッテリーは他社から技術導入して、Ｘ線被曝量の少ない商品を開発した。リチウムイオン・キャパシタという蓄電器を医療機器に応用したのは同社が世界初だった。

　その後２０１１年に、『エアロディーアール』という世界最軽量、ワイヤレスタイプのカセッテ型デジタルＸ線撮影装置の発売につながった。

ＩＴを「ダイバーシティの一環」と位置づける

　近年、モノ作りとＩＴの融合を目指すメーカーが増えている。コニカミノルタも例外でないが、同社は流行りに乗ったのでなく、ＩＴの活用には長年の実績がある。ＩＴサービスに力を入れるきっかけになったのは、オフィス複合機の米国での顧客であるＳＭＢ（小規模・中規模企業顧客）との取引だった。

企業がオフィス複合機を使う場合、ネットワークに接続されるが、ＳＭＢ顧客のＩＴ体制は一般的に脆弱だ。そこで、２０１１年、ＳＭＢにＩＴサービスを提供する米オールカバード社を買収し、オフィス複合機にＩＴの構築・運用・管理を組み合わせてサービスを拡充させた。このサービスを始めてみると好評だったので、ＩＴ企業の買収を繰り返し、米国や欧州で同じ事業を拡大させた。その後、オフィス複合機販売から得られた顧客ニーズをデータ化し、さらにリアルタイムでサービスを改良するサイクルが構築された。

ＩＴの「土地勘」がないメーカーが、いきなりＩＴビジネスに力を入れようとしても苦戦することが多い。システムの開発、運用・保守、セキュリティなどの分野でＩＴビジネスを牽引できる人材の獲得が必要だが、ＩＴの雇用市場は逼迫しており、優秀な人材を多数獲得することは困難なためだ。

同社の松崎氏は次のように語る。「ＩＴ人材の獲得は、当社の事業を転換する上でのダイバーシティの一環と位置付けている。ただ、先端ＩＴに詳しい技術者を無理に雇う必要はない。そういう分野はグーグルに任せておけばよい。我々は、ＩＴの活用をイノベーション創出のための『ダイバーシティ』の一環と位置付けている」。

通常、ダイバーシティは女性や外国人の雇用を指すが、同社は、ＩＴ人材もダイバーシティに含めている。ＩＴを先端技術など大袈裟なものと考えず、事業のための「ツール」や「切り口」と割り切るわけだ。国内での人材確保が難しければ、外国人を採用することは理に適っている。

外国人によるＩＴ設計の発想は日本人とかなり異なっており、日本人技術者だけの議論とは異なった気づきが得られる。メーカーは自分で先端ＩＴ技術を開発する必要はなく、市場にある技術の活かし方を考えれば、十分に「ＩＴ活用」の目的を達成できる。同社企業理念の「異質を排除しない」の一環でもある。

ＩＴによるダイバーシティの組織的な対応

ＩＴ活用によるイノベーションを、個別活動でなく組織化するため、コニカミノルタは２０１４年に『ビジネスイノベーションセンター』（ＢＩＣ）を作った。ＢＩＣは北米、欧州、アジア・パシフィック、中国、日本の世界5極体制で、ＩＴのプロを採用している。

ＢＩＣの運営は、本社の研究開発部門とつながることを求められていない。むしろ、スピーディに試作品を作って、各地域でテストマーケティングを行い、成果を出すことを目標にしている。ＩＴチームを無理やり本社の研究開発と連携させる企業は少なくないが、ＩＴの浸透度が高い海外市場で先に事業化して、成功例を日本に輸入する方法は合理的だ。

海外のＩＴチームと本社のハードウェアチームの協力は、同じ社内といえ、「異なった文化の融合」である。ここで大事なのは、ＩＴは「餅屋」のＩＴチームに任せて、本社は材料の改良や制御系ソフトの開発に専念することである。

異なった文化の融合には、それを推進できる人材が必要である。ＩＴとハードウェアの融合は放っておいても進まない。ＩＴチームはスピードと試行錯誤を好み、ハードウェアチームは、時間をかけて堅牢な計画を練ることを好む。融合を推進する人材は両者の「文化の違い」にも配慮しなければならない。こういうことができる人材は多くないが、発掘・育成しなければならない。

ＩＴ活用による介護市場の開拓

ＩＴ人材は同社にイノベーション創出に必要なダイバーシティをもたらしているが、ＩＴ活用による事業上の成果も出ている。

例えば、『ケアサポートソリューション』というサービスがある。これは、お年寄りの「体の動き」をチェックするセンサーとスマートフォンのシステムを組み合わせて、介護業務全体の効率を改善するシステムである。

介護現場では、以前からＩＴが導入されてきた。介護士を呼ぶ「ナースコール」、お年寄りの行動を感知する「センサー」、業務を記録して介護士間で共有する「業務記録システム」など多種多様だ。

どのサービスも現場の作業効率改善に役立つが、サービスの数が増えると、統制が取れなくなり逆に効率が落ちてしまう。健康状態が予測できず、コミュニケーションが難しい高齢者が対象なので、さらに混乱しやすい。

ケアサポートソリューションは、ＩＴによって増えすぎたサービスを統制して、疲弊している介護現場に「落ち着き」を提供する。全体の統制が取れることによって、同社の

『3Dレーザーレーダー』（3D LiDAR）という広画角レーザーレーダーも生かすことができる。

高齢者はいつ健康状況が悪化するか分からないが、現場の人手不足を考えると、四六時中見守ることは困難だ。そこでセンサーによって高齢者の状態をチェックするが、単に「人の動きを検知する」センサーでは役に立たない。同じ「動かなくなった」でも、単にじっとしているのか、就寝中か、転んで動けなくなったかの判別が必要だからだ。センサーが高齢者の些細な動きを見逃すと、命取りになる。

3Dレーザーレーダーは、垂直・水平とも極めて広範囲に対象物を検知し、夜間でも街灯などに影響されず、人、動物、構造物を区別する。さらに、従来検知できなかった、細い線や小型の物体も判別するため、介護現場のニーズに対応できる。

3Dレーザーレーダーは、コニカミノルタのセンサー技術をコアにして、他社から導入した、赤外線カメラ、可視カメラ、動体センサー、動画管理ソフトウェアなどの技術を組み合わせて開発された。スマートフォンで高齢者の様子を随時チェックできるので、介護士は居室と控室を頻繁に往復しなくて済む。同社によると、このサービスで介護士の工数を30％削減できる。

スリーエム
社内をオープンにして自社技術を「使い倒す」

米スリーエム社は、産業用素材から日用品まで多岐にわたる商品ラインアップを持ち、その数約5万5０００点にのぼる。粘着テープの『スコッチテープ』や付箋の『ポスト・イット』を開発した会社として知られている。

同社は一般的に自前主義の企業と思われている。しかし、スリーエムジャパン副社長の昆政彦氏によると、同社はオープンにイノベーションを進める企業である。

同社のオープンさは、「社内的なオープンさ」を意味し、「社内の資源を使い倒せ」という考えにつながる。テクノロジーは、「材料」「プロセス」「機能」「アプリケーション」の4分野、合計46種類の技術で構成されている。近年は「選択と集中」が流行りなので、ここまで細分化した「技術的ダイバーシティ」を維持している企業は稀である。46種類の技術を組み合わせると理論的に何十万通りも考えられ、常に社員間で情報を共有し、またアップデートする仕組みが作られている。

本社はもちろん、日本を含め各国で社内テクニカルフォーラムが定期的に開催され、セミナー、ポスター発表、ブースでの説明など、学会形式で情報交換が行われる。それ以外に、小規模の発表会が頻繁に行われる。重要なことは、すべての社内交流は業務命令でなく、第3章で取り上げる『15%カルチャー』による自主的な運営に任されていることである。

社内的なオープンさを確保すれば、次々と新製品を生み出すことができる。ただ、新製品を沢山作ればよいわけではない。売れない製品が山のように溜まれば在庫や管理コストが増えるし、会社のマーケティング上もマイナスである。

これを防ぐには、売れない製品は早めに見切

● スリーエムによる知の融合とダイバーシティ

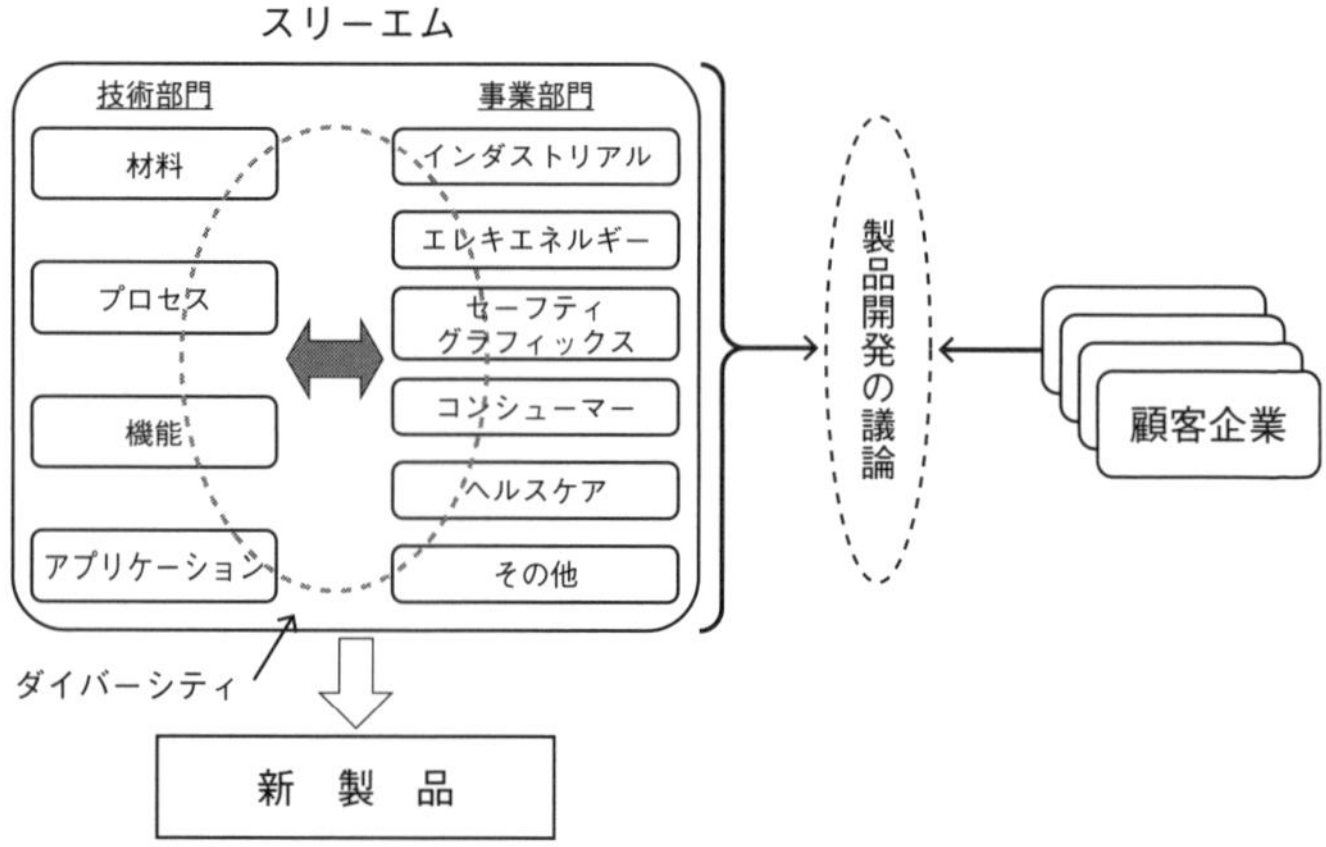

スリーエム社資料などを基に筆者作成

りをつける「スクラップ・アンド・ビルド」が必要である。同社の伝統的な戦略は、小粒な製品を多数抱えてポートフォリオ管理し、全社業績のブレを少なくすることである。

しかし、スリーエムと同じことをしたくても、できない企業が多い。事業部制を敷いて、「製品」とそれに紐付いた「技術」を同じ部門で管理することが普通だからだ。この仕組みでは、製品の生産をやめれば、紐付いた技術も一緒になくなってしまう。

一方、スリーエムは、製品と技術を分離して別々の部署で管理するので、製品をなくしても技術は残る。したがって、後で新しいアイデアが浮かべば、その技術を再利用できる。

技術ダイバーシティが高いので「ワンストップ」が有効になる

スリーエムは他社と目立つような技術的な提携を行わないので、その面では自前主義の会社と思われている。ただ、テクノロジーラインアップが古くなると競争力に影響するので、新しい技術を外部から導入するラインアップ刷新は怠っていない。同社は決して自前主義の企業ではない。

事業化に際しても、顧客や取引先に対してオープンである。顧客からニーズを聞いた営業担当者は、関連するエンジニアを顧客のもとに連れて行く。エンジニアに事業化を意識させるため、同行訪問が奨励されている。単独の技術では製品開発できないことが多いので、複数のエンジニアを開発に巻き込むことが通常だ。

スリーエムジャパンは、神奈川県相模原市に『カスタマーテクニカルセンター』（CTC）という自社技術をワンストップで紹介できる場を設置している。技術分野が多種多様なので、営業担当者が顧客を訪問して説明するより、顧客にワンストップの場まで来てもらった方が効率的である。技術ダイバーシティが高い同社の場合、ワンストップの効率が特に高い。

同社は防寒機能を備えた不織布を持っており、スキーウェアや防寒具に利用されている。ある時、プリンターの製造会社がCTCを訪問してスリーエム担当者と議論したところ、不織布の防音機能がプリンター材料に使えることが分かった。このミーティングがきっかけで、ユーザーが「不快と感じる音」を抑えるプリンターが開発された。

CTCにおける顧客とのコミュニケーションは従来なら予想がつかなかったような取引に発展する効果があると思われる。

第3章

あえてダブルスタンダードで進む

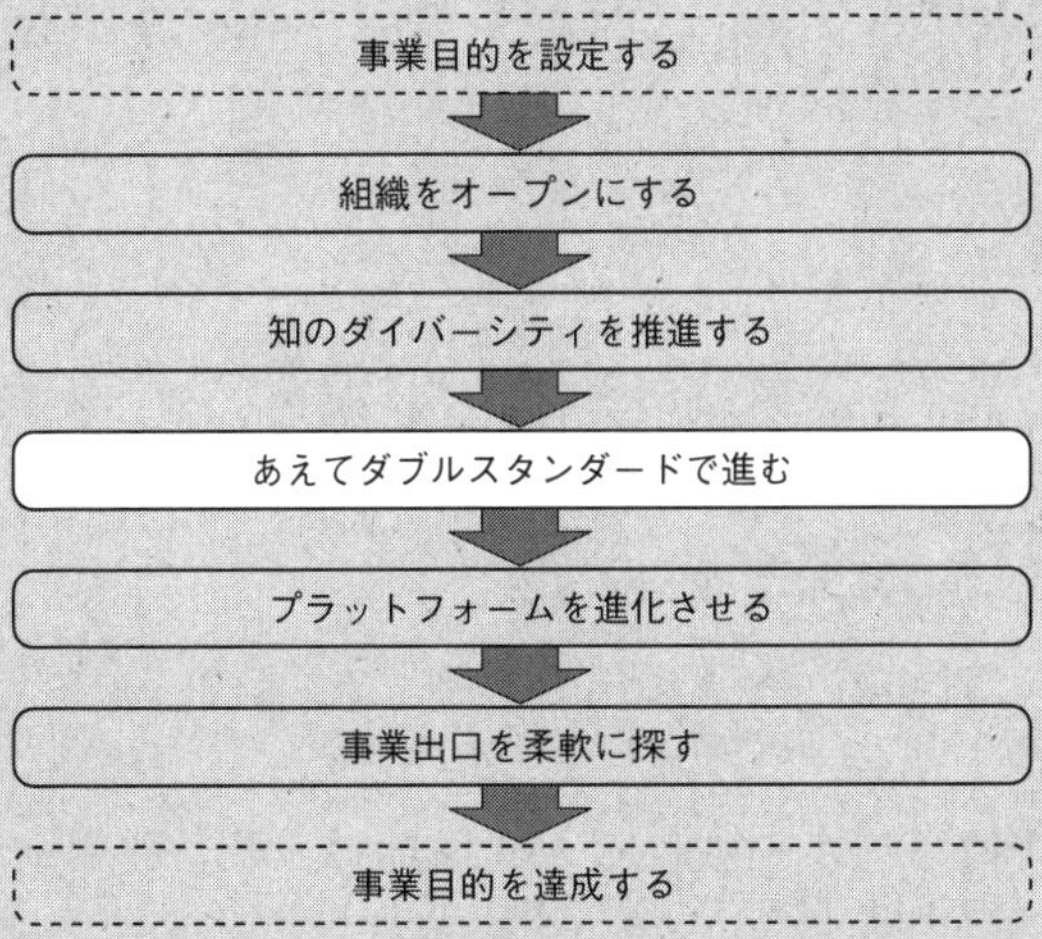
事業目的を設定する
組織をオープンにする
知のダイバーシティを推進する
あえてダブルスタンダードで進む
プラットフォームを進化させる
事業出口を柔軟に探す
事業目的を達成する

1つの組織内に2つの評価基準を混在させる「ダブルスタンダード」は避けるべきだと、一般的に思われている。業績評価や人事評価は、一律の基準によって行われないと不公平を生むのは事実だ。特に、人事部は「不公平な運用をしている」と批判を受けやすい立場なので、「シングルスタンダード」に固執する。

しかし、組織を完全なシングルスタンダードで管理することは難しい。社員全員が工場のラインで働いているのであれば、勤務態度、作業効率を同じ基準で比較することはできる。しかし、普通の企業には、研究、開発、生産、マーケティング、営業、管理、総務、人事、販売、物流など多様な部門があり、全社員を同じ基準で評価することはできない。むしろ、違う職種を同じ基準で評価する方が不公平である。しかし、組織としての統一性を保つため、例外規定を作りながら、苦労して「シングルスタンダード」と称しているのが実態だ。

また、新規事業の成果は、既存事業と同じ基準で評価するとうまく行かない。既存事業の改良の場合は、利益などの成果が見えやすい。しかし、利益が出るまで時間がかかる新規事業に同じ基準を適用したら、せっかくのポテンシャルを事業成果が出る前に摘んでしまう。

したがって、新規事業に取り組むためにはダブルスタンダードは必然である。経営の関与の仕方などは企業によって異なるが、既存事業と新規事業は違う基準で扱われなければならないのは同様だ。同時に、評価方法が何故違うか説明しやすい基準が必要である。

コマツ
「アイデア・フェーズ」と「投資フェーズ」を分離する

建設機械（建機）大手のコマツは、イノベーションを「アイデア・フェーズ」と「投資フェーズ」のダブルスタンダードで管理して、事業のスピードを維持している。

同社は、『コムトラックス』や『スマートコンストラクション』など、建機とＩＴを組み合わせたイノベーションをライバル企業に先駆けて展開してきた。建機業界のグローバル競争は熾烈なため、同社がこだわっているのは、業界で「世界初」の商品を作り、サービス水準を他社よりも早く向上させることだ。

「世界初」の商品開発は、米国のベンチャー企業などをパートナーにしないと実現できない。最先端の米国ベンチャー企業は、「意思決定が遅い」日本企業と組むことを一般的に嫌う。何故なら、ベンチャー企業にとって事業のスピードは最優先だからだ。この点、コマツは、ベンチャー企業から「日本企業と思えない」スピードがある企業と評価されている。

アイデア・フェーズは社長直轄にする

日本企業における「ＩｏＴ」の先駆けとなったコマツの『コムトラックス』は、若手社員が欧州の事例をヒントに提案したことが始まりだった。当時担当役員だった坂根正弘氏（現相談役）が音頭を取って、１９９０年代後半にプロジェクトが動き出した。

ただ、今と比較すれば当時のデータ通信速度は遅く、「商品化しても大して役に立たない」という意見が大半だった。それでも商品化が進んだのは、トップの後押しがあったからだ。

当時プロジェクト担当として、反対派の説得役だった現会長の野路國夫氏は、「何故コムトラックスが実現できたかというと、安崎暁社長（当時）が『これはやらなければダメだ』と、方向性がブレなかったからです」と語る。

通信機能付き建機だけでなく、３次元コンピュータ支援設計（ＣＡＤ）、基幹系情報システム（ＥＲＰ）、１人１台パソコン支給なども、同じ時期にトップダウンで進められた。どれも今では当たり前のツールだが、当時は費用対効果が不明確という理由で、導入への反対意見が少なくなかった。世の中で「先を読んで戦略を組み立てる」といっても、実は後づけの理屈のことが多く、やっている最中はキレイなストーリーを描いているとは限らない。ただ、確信がなくても実行すれば色々なことが分かり、方法を改善できることが重要である。

　コマツは、イノベーションを「アイデア・フェーズ」と「投資フェーズ」の２段階に分けている。

　「アイデア・フェーズ」の場合、投資金額は少なくリスクも低いが、事業がうまく行くのか

● コマツの「別組織」

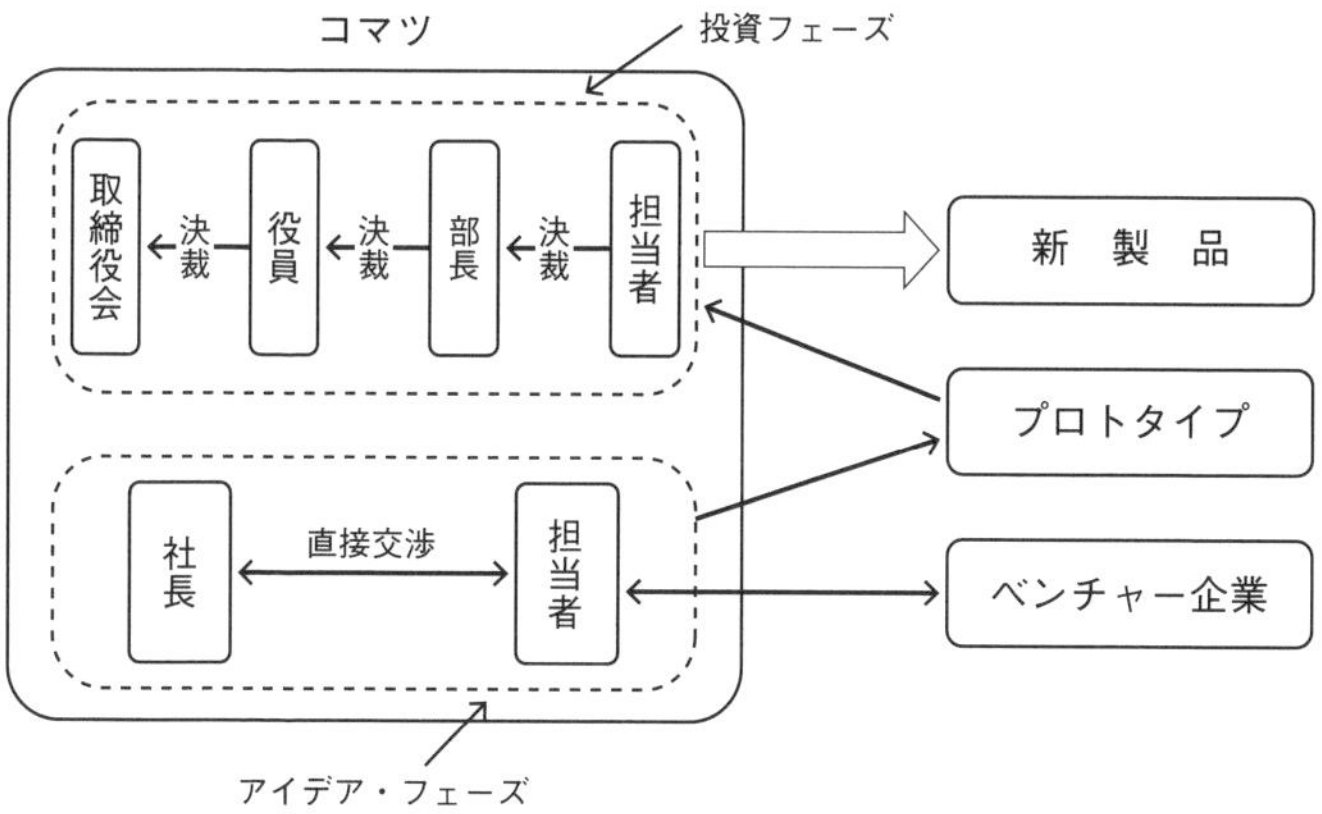

コマツ野路國夫氏との議論を基に筆者作成

誰にも分からない。したがって、発案者が自由に動ける環境を整えた方が良い。参入、撤退の決断は社長が担当者と直接話して決める。担当者→課長→部長→担当役員→取締役会といった、時間がかかる通常の決裁ルートには乗せない。

しかし、その後の「投資フェーズ」における判断は異なる。投資フェーズでは事業がある程度形になっており、社内で成否の予測が付きやすい。また、投資金額が大きくなるため、アイデア・フェーズよりリスクが大きい。この場合は、多少時間がかかっても、通常の決裁ルートに乗せて投資の可否が決められる。

同社の『無人ダンプトラック運行システム』は、野路氏が社長時代に成果を出したイノベーションである。この製品の場合、自動運転技術を米国ベンチャー企業と共同開発したのがアイデア・フェーズ、工場で生産ラインを確保して、大量生産を始めたのが投資フェーズである。

イノベーションの芽を摘んでしまう企業は、2つのフェーズを同じ土俵で扱っていることが多い。例えば、市場予測やKPI（主要業績評価指標）を議論してもあまり意味がないアイデア段階で、投資フェーズ並みの詳細な計画を作っている。あるいは、アイデア・フェーズでも数億円の開発費が必要なことがあるが、「検証が済んでいないのでリスクが大きい」という理由で、数百万円の予算しかもらえない。そして、いつの間にかアイデアは尻すぼみになる。

野路氏は「大企業にとって、数億円の投資など大したリスクではない」と語る。アイデア・フェーズではスピードが命で、検証に時間をかけるとアイデアを殺してしまう。まず小さく始めて、結果を検証して修正する「リーンスタートアップ」を行うべきだという。

ただ、このような判断ができるのは経営トップだけで、部長クラスに判断を委ねたら、時間をかけてコンセンサスを取らざるを得ない。「数億円」のリスク判断基準は決裁者の職責によって異なる。

アイデア・フェーズでは、社長とチームリーダーが1対1で話し合い、方向性を決めている。両者の間に誰か管理職が入ると、社長は適切に判断できない。社長直轄であれば、失敗した時の撤退の判断も早い。「社長肝いりプロジェクトだから、ダメでも途中で止めるわけに行かない」という周囲の「忖度」もなくなる。

ただ、この仕組みが機能するには、社長が技術を深く理解していなければならない。管理畑の社長や技術を理解しない社長が、社内組織に判断を丸投げすると、アイデアを潰すパターンに陥る。また、野路氏は「社長は部下に『本当にうまく行くのか』と結論を急かしてはいけない」とも語る。

スリーエム『15％カルチャー』を正しく運用する

米スリーエムの日本法人スリーエムジャパンの昆政彦副社長によると、同社のイノベーションは、「アイデア」と「事業化」を明確に区別したダブルスタンダードによって管理されている。

研究者はアイデアが浮かぶと、研究テーマをどんどん増やす傾向がある。それが行きすぎると趣味に走るので、実験室にこもらず、事業化のことを考えさせなければならない。近年、そういう方針の企業が増えているが、研究者に事業化のことをしつこく迫ると、逆に頭が硬直化してアイデアが出なくなる。

アイデアも事業化も、どちらもイノベーションのためには重要である。問題はいかに両者のバランスを取るかだ。スリーエムは「アイデアは自由」と「事業化は管理」のダブルスタンダードで、この問題に対処している。

スリーエムは、「社員が就業時間の15％を会社から課せられた業務以外に自由に使って良い」という『15％カルチャー』で有名だ。これに倣う企業も多く、例えば、米グーグルは15％を超える『20％ルール』を作って、自由さをアピールしている。

昆氏によると、同社のこの取り組みはしばしば外部から誤解されている。「就業時間の15％を使いさえすれば、イノベーションにつながるはずだ」という誤解である。

スリーエムを真似て『15％カルチャー』を導入したのは良いが、普段の仕事が忙しすぎて自由時間がなく、終業後に新しいことを考える「プラス15％」になる例が珍しくない。

スリーエムの15％カルチャーでは、社員の

● スリーエムの「15%カルチャー」

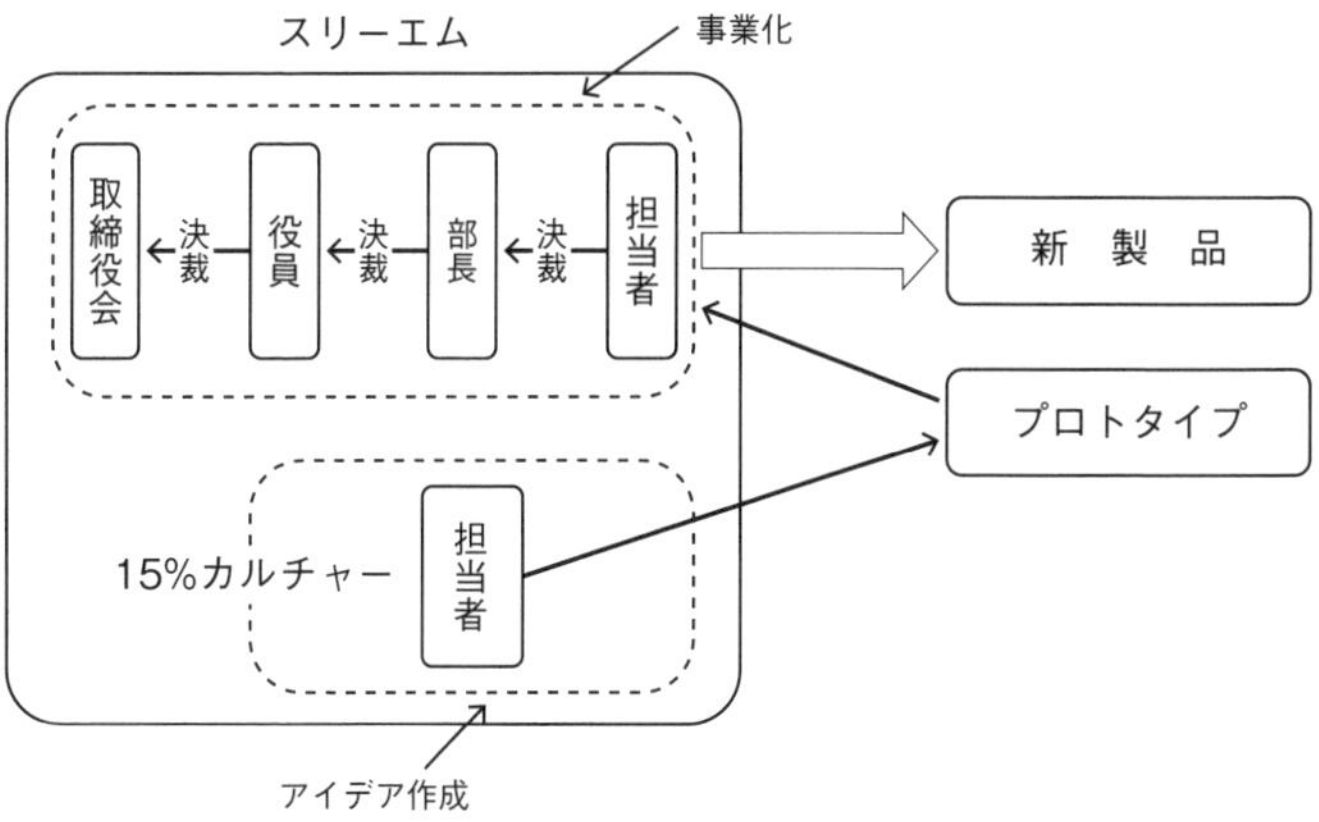

スリーエム昆政彦氏との議論を基に筆者作成

「自由時間」に上司が関与しないことがポイントである。例えば、社員が自由時間に人と会うため外出する際、上司から「どこに行くんだ?」と聞かれることはない。部下が何をしているか知っていると、上司はつい指示したくなり、純粋に自由な時間にならないからだ。さらに、15%という数字は象徴的なもので、使っている時間は計測されない。

スリーエムに倣って『15%カルチャー』を採用する企業では、自由時間に何をするか上司の許可が必要で、タイミングも申告制になっている例が多いようだ。

スリーエムの社員にとって、自由時間はアイデア醸成に役立っているが、アイデアが評価されてひとたび事業化が決まれば、それまでの自由はなくなる。開発の期限が設定され、プロセスは厳しく管理され、規律が求められる。

このように、アイデアと事業化の2つのフェーズの使い方に自由と規律のメリハリを付けることが、同社のイノベーション戦略だ。

リクルート

事業の質に合わせて複数のＫＰＩを用意する

イノベーションは年間予算に馴染まない

企業は年間予算を組んで事業を行う。決算期の途中で予算が修正されることもあるが、資金計画を年初に作れば、１年間はその計画に縛られることが通常だ。

しかし、ベンチャー企業は、このような方法を取らない。事業を加速しなければならないタイミングは、決算などお構いなく突然やって来る。チャンスが来れば、人を増やし、機器を購入するため、急遽資金調達をしなければならない。年間予算を守るより、スピードが重要である。

上場企業の場合は、決算期だけでなく事業の「数値目標」にも縛られる。既存事業で、どの程度の売り上げと利益を見込むか、どの分野の事業を開発するかなどの数値目標が期初に作られる。そして、「目標を達成しろ」と上司は現場にプレッシャーをかけ、目標と現実のズレがあれば、その原因を分析する。

ベンチャー企業も数値目標を持っているが、厳格に運用するとマイナス面が大きい。突然事業チャンスが来た時に、厳格な目標を持っていると方針変更ができず、一番大事なスピードが失われるからだ。

このように、上場企業とベンチャー企業は本来異なった数値目標が適用されるべきだが、上場企業内部にも、ベンチャー企業と同じ目標設定が必要な部門がある。それは、売れるか分からない商品を開発し、新しい顧客を探す新規事業部門だ。既存事業と比較して新規事業は利益が出るのに時間がかかり、詳細な計画を立てても、度々変更しなければならない。この当たり前の違いが忘れられると不都合が生じる。

近年は数値目標であるＫＰＩを「神聖化」する傾向がある。ＫＰＩは、企業と株主との数字的な「約束」を社内的に管理するツールだが、既存事業を管理するために作られたものが多い。したがって、今あるＫＰＩを新規事業に当てはめると弊害が起きる。

既存事業に合わせたＫＰＩで評価すれば「劣等生」の新規事業は、社内で「もうやめよう」という結論になりやすい。ＫＰＩを既存事業改良と新規事業とで分ければ問題は解決しそうだが、利益を出している既存事業に評価が引きずられないようにすることが必要だ。

ベンチャー投資の方法論に学ぶ

起業家精神が企業文化になっているリクルートでも、「既存事業」と「新規事業」の２種類の事業があることは他社と変わりない。当然、両者の時間軸は異なり、同じように評価することはできない。そこで同社は、ベンチャー企業の価値評価方法を参考に、新規事業にマッチしたＫＰＩを設計している。

「新規事業を管理するＫＰＩ」はどのように作れば良いのか。ベンチャー企業投資の方法論にヒントがある。設立から間もないベンチャー企業の中に、まだ赤字で、ＩＰＯもしていないにもかかわらず、「企業価値」が数百億円で評価されるケースがある。現状の売り上げや利益とマッチしていない莫大な企業価値の根拠は「事業のポテンシャル」である。

ベンチャー企業の価値評価において、数字に基づいた「定量評価」を厳密に行うことは難しい。何故なら、定量評価に必要な「過去の実績」がベンチャー企業にはないからである。一応数字的な裏付けはあるが、あくまでも数字を使わない「定性評価」が中心だ。

リクルート社内で『リクルートベンチャーズ』（現『Ｒｉｎｇ』）という社内制度を担当していた当時の責任者・麻生要一氏も、同じ問題に直面した。そこで、ベンチャー投資家が採用している、タイミング、考え方、評価方法を社内システムに組み込むことが考案された。そして導入されたのが『ステージゲート方式』である。

ステージゲート方式では、あたかもベンチャーキャピタルがベンチャー企業へ投資するように、新規事業プロジェクトが運用される。プロジェクトが、目の前の事業目標（ゲート）をクリアすれば、価値が高まったとして、次の段階（ステージ）に進んで、社内で資金調達ができる。ゲートを何度もクリアしてステージを進ん

● リクルートの「別組織」

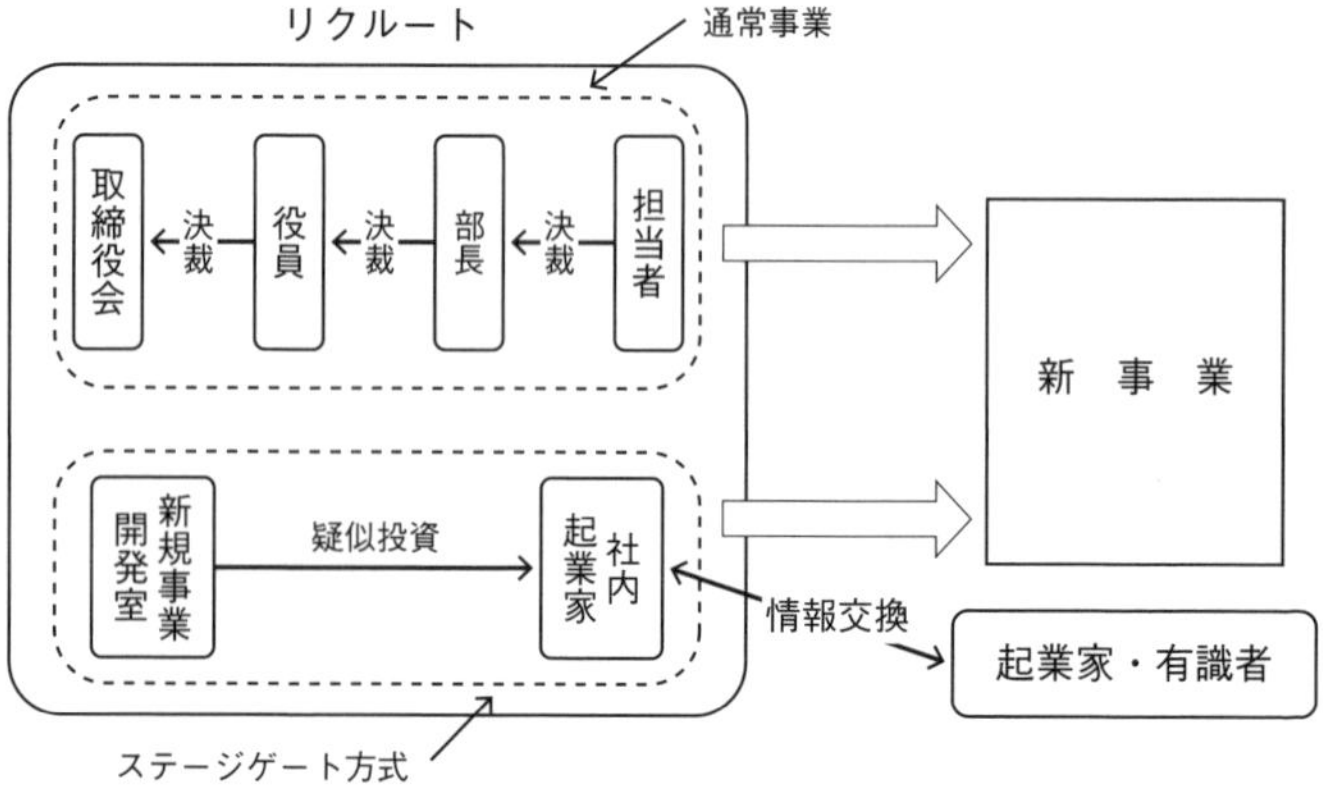

元リクルート麻生要一氏との議論を基に筆者作成

で行けば、その都度プロジェクト価値が高まり、生き残ることができる。

事業目標であるゲートは、売り上げや利益だけでなく、顧客数、商品機能の改良、市場での評価など様々な項目が設定される。これが、既存事業のＫＰＩとの大きな違いだ。また、年次決算に合わせて事業計画を立てるのでなく、ゲートをクリアできれば、いつでも計画を修正できる。まさにベンチャー企業の事業計画と同じだ。

この仕組みを可能にするには、年次計画にとらわれず運用できるプロジェクト投資の「財布」を確保して、全社の予算に組み込まれなければならない。財布を会社の「コスト」と認識し、プロジェクト価値を評価すれば、全社の予算計画と矛盾は生じない。

ソニー
アイデアの「受け皿」を活性化させる
放置されていたアイデアを社長直轄で見直し

ソニーは『ＳＡＰ』（シード・アクセラレーション・プログラム）というイノベーショ

ン輩出の仕組みを持つ。ＳＡＰは、新規事業のアイデアを持つ社員を募集し、本社の専門組織がアイデアの事業化を支援する仕組みである。面白いアイデアがあっても、既存事業部門のどれにも当てはまらなければ、ＳＡＰが受け皿になる。ＳＡＰは社長直轄の新規事業創出部によって運営されている。

ソニーの業績が悪くなって経営陣がリストラに奔走した２０１０年代前半、同社はイノベーション力が弱くなったと指摘された。本来ならばソニーが先鞭を付けたはずの携帯音楽端末やスマホで、アップルに大きく水を開けられたことは同社にとってショックだったと思われる。

この時期も新規事業のアイデアが平井一夫社長（当時）のところに持ち込まれたが、内容が面白くても、受け皿になる部署がなければ事業化されなかった。そこで、放置されていたアイデアを「社長直轄」で見直すことにして、その役割を担うＳＡＰが作られた。

ＳＡＰを立ち上げた当初、待っていても社内からアイデアが集まらなかったので、社外アイデアを社員に紹介するところから活動が始められた。ソニーの経営陣は中途で移籍してきた人が多いので、社外アイデアに対してネガティブでない。その後2年間で約５５０件のアイデアが集まった。

公募されたアイデアはオーディションにかけられ、パスした発案者は、本来の業務と並行して、事業化に取り組む時間が与えられる。まず、週1回のペースで3カ月間、本業と並行して取り組み、次の段階に進めば、フルタイムで従事することができる。その先の社内審査を通った案件は初めて外部にオープンにされて、クラウドファンディングで資金調達しながら、開発が継続される。

クラウドファンディングは、資金が乏しいベンチャー企業や個人が取る手法であり、ソニーのような大企業は通常使わない。原則ソニーの社名を伏せてクラウドファンディングが行われるが、開発中の商品情報を公開することは、メーカーにとって「非常識」な手法といえる。

● ソニーの「別組織」

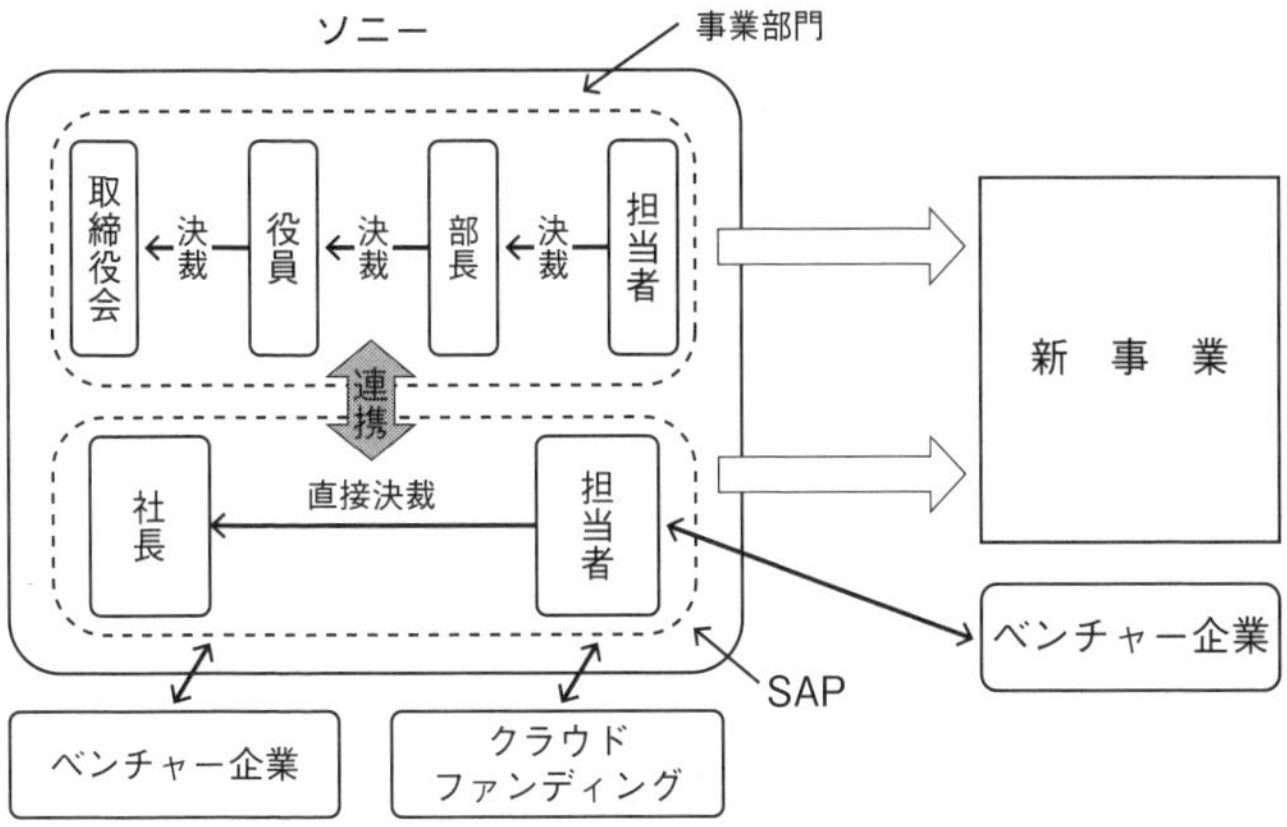

各種資料を基に筆者作成

それでもSAPがクラウドファンディングを使うのは、アイデアの地力を磨き、顧客ニーズを深く知るためと思われる。もし、ソニーの名前を使ってテストマーケティングを行えば、世の中に大勢いる「ソニーファン」の一部が買ってくれるので、上げ底のニーズしか掴めない。会社ブランドが使えないことは開発者にとって辛い条件だが、イノベーション力を鍛える効果はある。

社外から持ち込まれたアイデアをソニーの技術で事業化

SAPによるイノベーションの成功例として、電子錠前の『キュリオ』とセンサー付きドローンがある。

外出する時、自宅のカギを閉めたかどうか分からず、不安になる人は少なくない。外出後、家に戻らなくても、カギがかかっているかどうかを確認できると便利である。また、カギを忘れて外出した家族が帰宅して家に入れない時、通信を使った遠隔操作でカギの開け閉めをできたら、さらに便利である。ただ、ドアノブごとカギ取り替え工事をするとかなり高価になる。そこで、カギを取り替えずに追加の機器設置で済めば、ニーズが高まることは間違いない。

こういった発想で開発されたのが、『キュリオスマートロック』（キュリオ）である。キュリオは、「サムターン」というカギを操作するためのつまみの上に設置できるので、錠前ごと交換する必要はない。

キュリオは特別な通信機器を必要とせず、スマートフォン（スマホ）で制御できる。スマホからの信号によってキュリオ内部のモーターがサムターンを回し、鍵を開け閉めする。タイマー機能を使えばオートロックにできるし、家族のスマホにカギのソフトを配信すれば、合鍵も不要になる。

米国では同じ原理のスマートロックが既に販売されているが、ドアノブや錠前を取り替える形式が多く、日本に多い賃貸住宅にマッチしない。この点、キュリオは日本の住環境にマッチするよう考えられている。

キュリオの開発は、東京とシリコンバレーに本拠を持つ投資会社のウィルが、２０１４年ソニーにビジネスプランを持ち込んだことから始まった。３カ月間のコンセプト検証後、両者で合弁会社が作られ、開発プロジェクトが推進された。

キュリオのコンセプトは明確なので、開発スピードを上げれば、すぐに商品化できると思いがちだ。しかし、実際はそんなに甘いものでなかった。

サムターンを回すには結構大きい物理的な力が必要である。手でサムターンを回しても、引っかかりが悪いと動かないのに、キュリオ内蔵の微量な電力で毎回正確に作動させなければならない。この課題はソニーのエンジニアリング・チームが解決したが、アイデア先行のベンチャーだけで製品化できたか疑問だ。

SAPはアイデアの受け皿になるだけでなく、エンジニアリングなどソニーの強みを事業化サポートに生かすためのアレンジャーの役割も果たす。キュリオ開発では、SAPのイノベーション支援の仕組みがうまく機能した。もし、このような受け皿がなく、ベンチャー企業が直接ソニーの事業部門に提携を申し込んだ場合、部署間の垣根によって素早い開発ができないだろう。

単なる「モノ」でなく「ソリューション」を提供するドローン

ソニーと自動運転ベンチャー企業のZMP社は、センサー付きのドローンを使ったソリューション事業を進めている。ドローンは、工事現場を短時間で測量するために使われるが、このドローンは単なる測量機器にとどまらず、プラスアルファの価値を提供している。

例えば、砕石場の上空にドローンを飛ばせば砂利の体積を計算でき、建設現場の上空から、工事の進行状況や資材の利用状況を把握することができる。ここまでは「モノ売り」の発想だが、ドローンのセンサーで集めた３Ｄ情報のクラウド分析を付け加えれば、工事をスピーディに進めるための提案ができる。また、トラブルが起きた時の対策にもつながる。

農業にも、広大な土地を即時に測量してチェックするニーズがある。僻地での薬輸送には、垂直離着陸機能を持つドローンを活用できる。現在、ＭＳＤアルフレッサと共同で、アフリカのザンビアでのワクチン輸送が計画されている。さらに、風力発電機のブレード点検にもドローンを活用できる。風力発電機のブレードの先端部分は地上１００ｍに達するので、クレーンなどを使って人が点検するのは危険である。風車は故障がつきもので、メンテナンスに失敗すると発電量が落ち、発電プロジェクトの収益悪化につながる。

これらセンサー付きドローン事業は、ドローンというハード機器を売るだけでなく、ドローンを使ったデータ分析、課題解決策をセットとして提供するソリューション事業である。

ＺＭＰ社の技術力には定評があるが、企業文化が違うソニーの事業部門と直接交渉しては、共同開発は難航したと思われる。ここでも、SAPという触媒の力がうまく機能した。

第4章

プラットフォームを進化させる

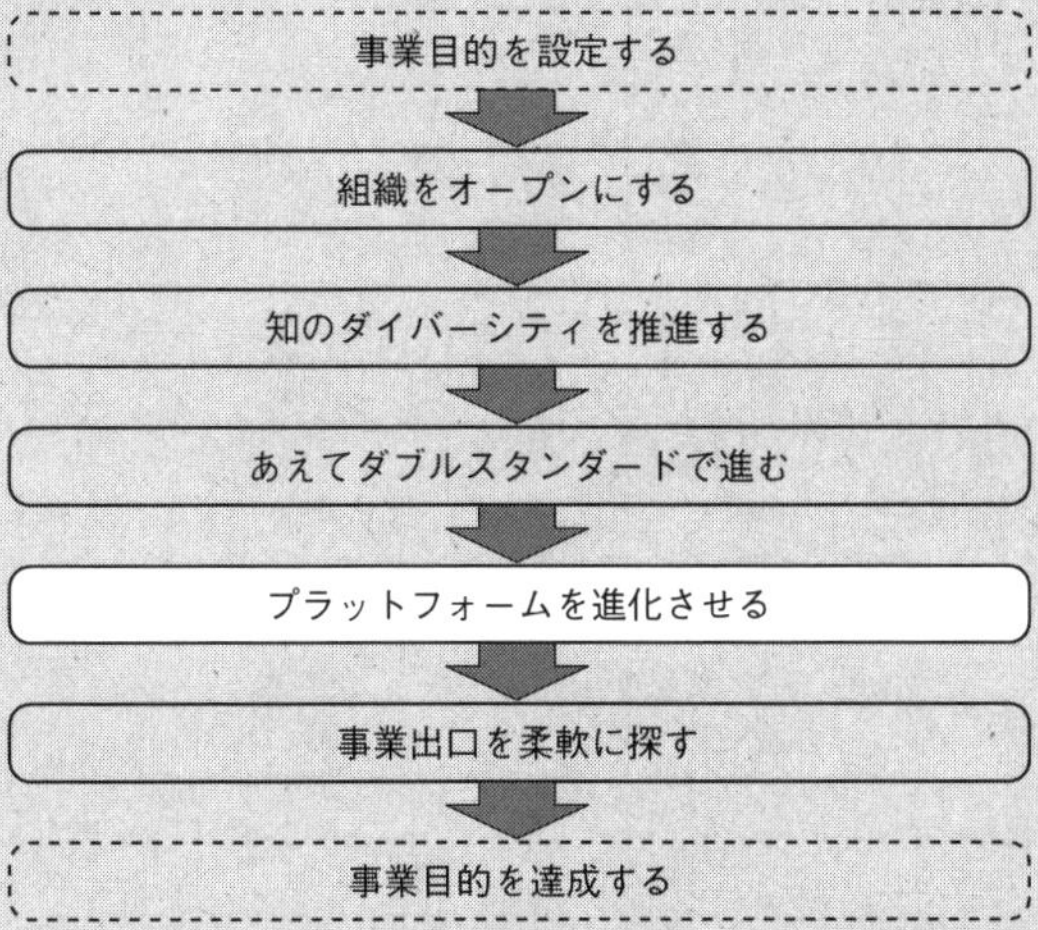
事業目的を設定する
組織をオープンにする
知のダイバーシティを推進する
あえてダブルスタンダードで進む
プラットフォームを進化させる
事業出口を柔軟に探す
事業目的を達成する

「プラットフォーム」は、元々鉄道の駅など周辺よりも高い平らな場所をさす言葉だが、ビジネスでは、コンピューター用語として使われたのが最初で、オペレーティングシステム、ミドルウェア、ハードウェアなどを意味した。

近年の「プラットフォーム」は対象が広がり、SNS、電子商取引、パッケージソフトウェアなど、参加者が情報交換やビジネスを行うことができる仮想の「場」を指すようになった。プラットフォームの使い勝手を自発的に改良するアクティブな参加者が増えれば、派生する事業機会も増える。これが強いプラットフォームの特徴で、多くの企業が自社のプラットフォームを持ちたがる背景だ。

世界的なプラットフォーム企業として思い浮かぶのは、グーグル、アップル、アマゾン、ウーバー、エアビーアンドビーなど米国企業ばかりだが、日本にも強いプラットフォームを持つ企業は少なくない。

プラットフォームを持てばイノベーションに関する情報を豊富に収集できるので、「プラットフォーマー」は一見安泰だが、実情は単純でない。市場は常に変化するので、プラットフォームを進化させて参加者の満足度を上げないと、ユーザーが減ってしまう。ユーザーが減れば、プラットフォームの価値は低下する。

本章で挙げる日本のプラットフォーム企業は、米国企業も直接的な競争を仕掛けられないバリアを作っている。しかし、今後市場環境が変われば、米国企業との競争に晒される可能性がある。「気がついたら、グーグルやアマゾンの下請けになっていた」という事態は最も避けたいことだ。

NTTデータ
既存プラットフォームにベンチャーを参加させる

ＮＴＴデータは、１９６７年に旧日本電信電話公社（電電公社）内に設置されたデータ通信本部が源流である。電電公社の民営化後の１９８８年、グループ内で最初に分社化された。１９７３年にＮＴＴ内で全国銀行データ通信システムを開発して以来40年以上、ＮＴＴデータは、公共、金融、法人顧客向けシステムというプラットフォームを構築してきた。

同社が開発するプラットフォームは、役所、銀行、クレジットカードなどの決済が円滑に機能する責任を負っており、「社会インフラ」と呼ぶことができる。これらシステムには利便性が求められるが、その前提として「安定性」「セキュリティ」が重視される。したがって、設計に時間をかけ、堅牢なシステムを作らなければならない。

ところが、「フィンテック」によって、金融サービスを取り巻く状況が変わった。環境変化によって、銀行、証券、保険、カード、資産運用などの業界は、新サービス開発の競争が激しくなった。

既に、複数銀行の口座一括管理、ＡＩによる資産運用・保険査定などのサービスが実用化されている。今後は、「ブロックチェーン」（デジタル契約、仮想通貨の基になる技術）を使った銀行決済業務の変革が起きる可能性がある。競争が熾烈なため、新サービス開発ではスピードを重視しなければならない。

金融機関とベンチャー企業をつなぐ「緩衝材」になる

ＮＴＴデータは自社の有力プラットフォームにフィンテックのサービスを取り入れ、進化させている。フィンテック・サービスを開発するには、ベンチャー企業の技術やアイデアを取り込むことが不可欠であるが、ＮＴＴデータがフィンテックを自社事業に取り込む場合、大きな障壁がある。それは、フィンテックの開発手法が同社の仕事のやり方と異なることである。

ベンチャー企業は、実験的にアプリケーションを開発してリリースし、ユーザーの反応を見て素早く改良を続けるという手法を取る。じっくりと時間をかけて堅牢なシステムを作るＮＴＴデータと正反対である。同社内には、開発ペースの違いを理由に、ベンチャー企業との提携に反対する意見もあったが、「競争に対処しないと長期的には生き残れない」という意見が勝った。

また、ベンチャー企業がフィンテックのアプリケーションを開発する場合、金融機関のシステムともつながらなければならないという問題がある。アプリは多数の金融機関とつながるからこそ価値があり、少数の銀行とだけ連結しても、サービスを普及させることはできない。

しかし、金融機関のセキュリティ基準は他の業界と比較して厳しく、リスク管理が未熟なベンチャー企業との連結に慎重である。ベンチャー企業を通じて自社の顧客情報が漏れたり、ウイルス感染が起きたりしたら、取り返しがつかない。通常、両者のシステム連結は困難だが、ＮＴＴデータが間に入って「緩衝材」になれば、スムーズに進めることができる。

「デジタル家計簿」を便利で安全に支える『アンサー』

フィンテック事業創出のために、同社は2つの主要プラットフォームを活用している。

1つ目のプラットフォームは、ダイヤル電話の銀行取引照会システムに端を発する『アンサー』（ANSER）というシステムである。約900行が利用するオンラインバンキング決済のインフラであり、銀行業界のシェアは75％に達する。長年NTTデータがユーザー銀行のニーズを聞いて開発してきた。

ベンチャー企業が金融機関とシステム的につながろうと思えば、銀行の審査を1行ずつクリアしなければならないが、アンサーに接続すれば、一度に数百社とつながる可能性が広がる。金融機関から見ても、NTTデータが間に入っているので、ベンチャー企業との「間接的な」システム連結が可能になる。

このプラットフォームに乗せるサービスとして採用されたのが、第1章で紹介したオープンイノベーションコンテスト『豊洲の港から』の第1回で優勝した、マネーフォワードの「デジタル家計簿」アプリケーションである。

現在、銀行、証券、保険、クレジットカードなど大半の金融機関が、顧客にオンラインサービスを提供している。ただ、人によっては10社以上の金融機関にアカウントを持ち、別々に管理しなければならないので、不便このうえない。そこで、多数のアカウントを家計簿のようにワンストップで管理できれば、ユーザーにとって便利である。マネーフォワードのデジタル家計簿アプリをスマホにダウンロードすれば、それが可能になる。

アプリを利用する場合、ユーザーは自分で金融機関の口座情報を入力しなければならない。金融機関にとって、入力された顧客情報をベンチャー企業が管理することには抵抗があるが、ＮＴＴデータが管理するのであれば、新サービスを受け入れることができる。

ネットバンキングは、レイアウトやコンテンツが頻繁に変更される。その都度、マネーフォワードが数百行の変更に対してメンテナンスを行うのは現実的でない。ところが、アンサーが間に入れれば、メンテナンスが不要になる。マネーフォワードは、個人向け家計簿サービス以外に、「中小企業向けクラウド会計サービス」も提供している。

セキュリティの問題は重要だが、スマホ用アプリには、「使いやすさ」「楽しさ」がなくてはならない。ＮＴＴデータ・オープンイノベーション事業創発室長の残間光太朗氏によると、ベンチャー企業が開発する新サービスは、同社では到底思いつかないものが多く、この点もベンチャー企業と提携するメリットである。

店舗での重ね売りマーケティングを可能にする『キャフィス』

２つ目のプラットフォームは、ＮＴＴが開発したクレジットカードの認証システムの『キャフィス』（ＣＡＦＩＳ）である。キャフィスは１９８４年にサービスが開始され、ＪＣＢ、ＶＩＳＡ、マスターカードなど、クレジット業界での加盟シェアは70％近いと推測される。

キャフィスは、加盟店約２０００社、クレジットカード会社約１２０社、金融機関約１６００拠点をオンライン回線で結んでおり、日本全国のどの端末で、いつ、いくらの金額でカード決裁が行われたかの情報が瞬時に集約される。カード不正使用のチェックや、邦銀の国際キャッシュカードやネットバンキングなどにも使われている。

キャフィスに乗せるベンチャー企業としてマッチングが成立したのが、アイリッジ社である。

同社は、「オンライン・トゥ・オフライン」（Ｏ２Ｏ）という、ユーザーのスマホ利用履歴を参照して、その人が実店舗で買い物をするよう誘導するサービスを開発している。ビーコン（無線信号の発信機）、Wi－Fi、人工衛星などの位置情報を使って、ユーザーが今いる場所を認識して、ニーズにマッチする情報提供を行う。

アイリッジの技術を活用することによって、ユーザーが今どこにいるかの情報と、キャフィスに集まる個人の決済情報をつなぎ合わせることができ、お得な買い物情報のリアルタイム提供につながる。

例えば、ユーザーがショッピングセンターの近くを歩いている時、スマホがアイリッジの設置したWi-Fiの電波をキャッチすれば、商品のお得なセール情報がすぐに送られる。その後、店舗に入りクレジットカードで買い物をすると、瞬時に追加のセール情報が届く。

このように、入店前の購買推奨と、入店・購入後の購買推奨を連続させることによって、

● NTTデータのプラットフォーム

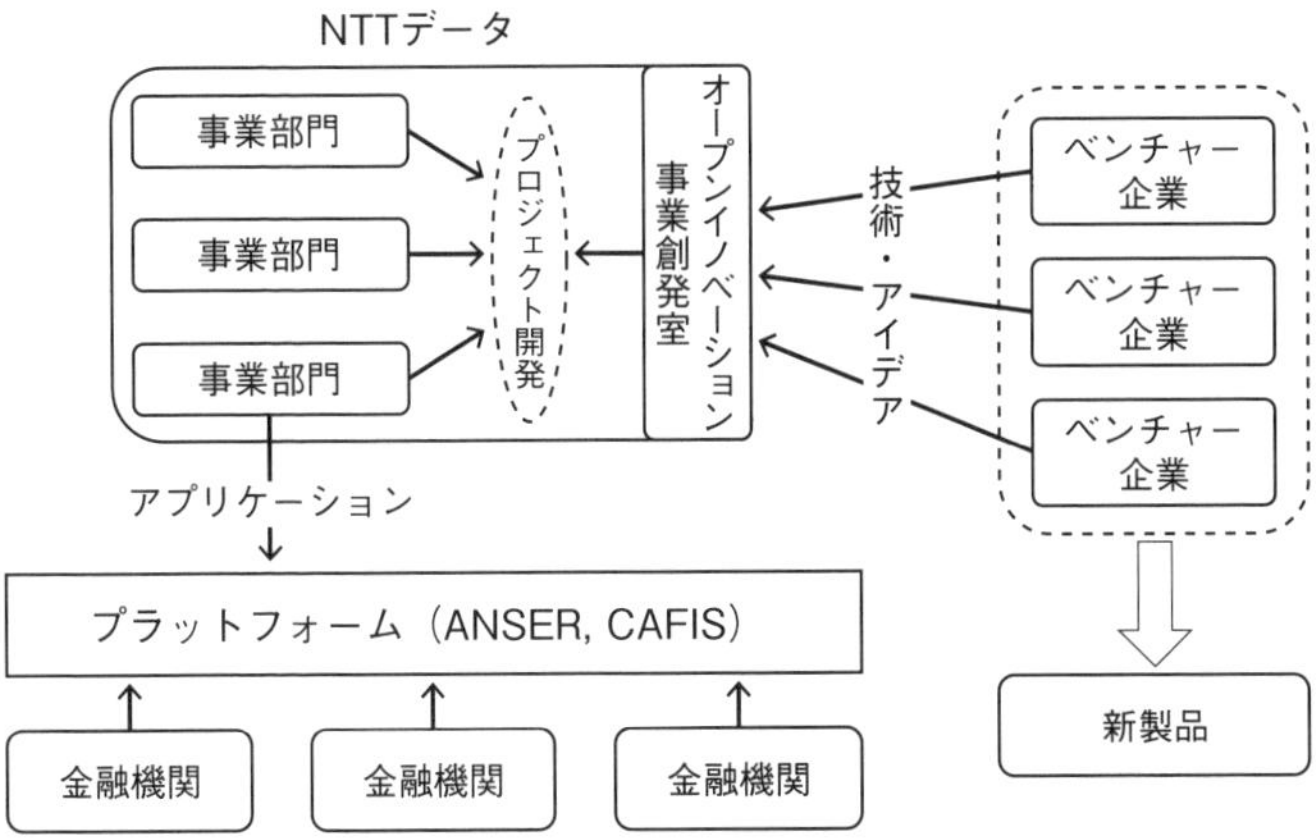

NTTデータのホームページなど各種資料を基に筆者作成

「重ね売りマーケティング」が可能になる。

アイリッジ、店舗、キャフィス三者の提携は、今までなかった付加価値を各々にもたらした。アイリッジは既存サービスを全国規模に拡大することができた。店舗は、二次購買推奨によって重ね売りの機会を増やした。決済の役割しかなかったキャフィスは、マーケティング機能を付加することができた。

アンサー、キャフィスという2つのプラットフォームにフィンテック・サービスを追加することで、すべての参加企業にメリットがもたらされている。今後、プラットフォームの参加者、提供するサービスが増加すれば、新たな相乗効果が見込まれる。

リクルート
『リボンモデル』で顧客企業とユーザーを結ぶ

リクルートホールディングス（以下、リクルート）は、学生を採用したい企業（顧客）と、就職先を探している学生（ユーザー）とを「マッチング」させる事業からスタートした。

その後、顧客企業のニーズは学生採用だけでなく、「人材派遣」「販促メディア」「人材メディア」に拡大し、ユーザーは、ビジネスパーソン、起業家、10代・20代の若者、主婦、シニアなどに広がった。リクルートの顧客企業とユーザーの裾野は極めて広く、ふたつの裾野の「結節点」は、新規事業やステークホルダーの情報が集まる強力なプラットフォームになった。それと同時に、媒体は紙からウェブ、リアルへと広がってきたが、事業の全体像は変わっていない。

顧客企業とユーザーが左右に広がり、中央の結節点にリクルートが位置して、全体像を描くとリボンのような形をしているので、同社は自社のビジネスモデルを『リボンモデル』と呼ん

● リクルートのプラットフォーム『リボンモデル』

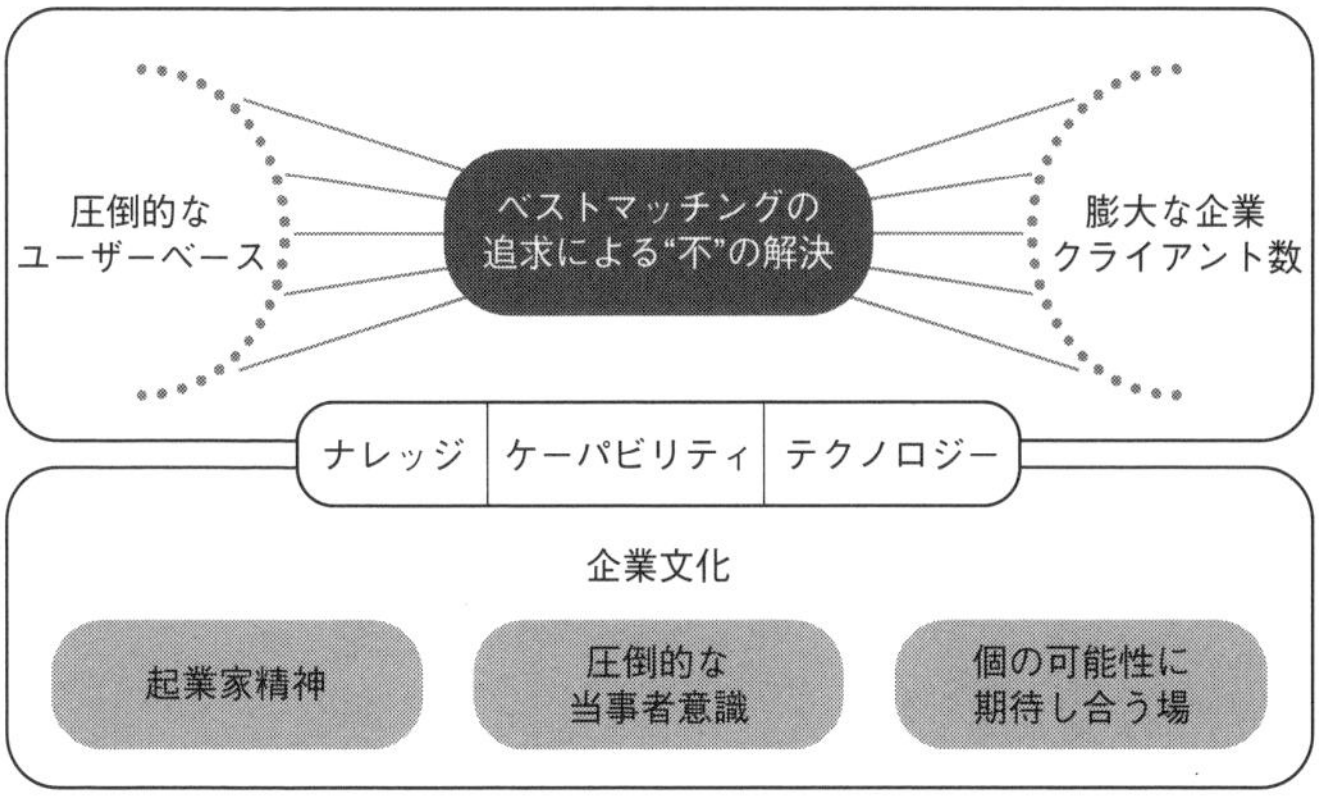

出典：リクルートホールディングス　2016年アニュアルレポート

でいる。

リボンモデルは、情報誌やフリーペーパーを主体としたメディアやビジネスを構築するために2003年頃に整理されたものだが、今では社内の共通言語になっている。何らかの事業について議論する時、集客やメディア設計がリボンモデルのどこに位置するかを意識すれば、論点が明確になる。

ただ、ここまで顧客企業とユーザーが多様になると、グループ内で事業重複やカニバリゼーション（共食い）が起き、内部の風通しが悪化しやすくなる。放っておくと「遠心力」が働くので、このようなプラットフォームは新陳代謝が必要である。既存事業において顧客企業とユーザーとのつながりを強め、同時に新規事業が生まれ続ける環境を維持しなければならない。

同社は、プラットフォームを強化するために、次の2つの仕組みを作った。

① 優れた新規事業を表彰し、情報共有する仕組み
② シリコンバレー型の起業家輩出の仕組み

優れた新規事業を表彰し、情報共有する仕組み

リクルートグループ内で優れた新規事業を表彰し、その情報を共有する「仕組み」の歴史は古く、１９８２年に新規事業提案制度が始まっている。

これは１９９０年に『Ｎｅｗ ＲＩＮＧ』という名称になり、『カーセンサー』『ゼクシィ』『ＨＯＴ ＰＥＰＰＥＲ』『Ｒ25』『受験サプリ』（現『スタディサプリ』）などのヒット商品を生み出してきた。１９９０年代以降は常に年間１００件以上の応募がある。

リクルートは２０１４年にＩＰＯを行ったが、その２年前にグループのガバナンスが変わった。それまでリクルートという１つの傘の下に「乱立」気味だった数多くの事業・サービスが、関連性に合わせて複数の事業会社に集約され、それを持ち株会社であるリクルートホールディングスが束ねる構造に変わった。

ガバナンスはすっきりしたが、グループ内で情報や人材の「遠心力」が働きやすい状況は解消されていない。その時、経営トップに就いた峰岸真澄社長は、「グループの情報を持ち株会社に集約して、そこで新規事業を開発できる仕組み作りが必要だった」と語る。

その構想を具体化する役割が現場に与えられた。まず、イノベーション案件をグループ

内で共有する仕組みが整備された。それまで、営業、編集、システム開発などに分かれた表彰制度があったが、２０１５年に『ＦＯＲＵＭ』という包括的な表彰制度にまとめられた。選抜された案件のプレゼンテーションや外部ゲストを招いたパネルディスカッションなどが開催され、そこに参加すれば、社員は情報収集できる。

シリコンバレー型の起業家輩出の仕組み

ただ、新規事業コンテストを開催すればイベントとして盛り上がるが、年1回の募集では持続的な取り組みにならない。そこで、新規事業が次々と生まれる「シリコンバレーのエコシステム」を社内に移植することが検討された。そこから生まれたのが『リクルートベンチャーズ』（現『Ｒ·ｉｎｇ』）である。

このプログラムでは、社内の新規事業審査の「年1回」という頻度が見直された。シリコンバレーでは、特別なコンテストがなくても、24時間３６５日切れ目なく誰かがアイデアを議論している。それと比較すると、年1回というタイムスパンはあまりに長い。そこで、24時間、社内ウェブでアイデアのエントリーを受け付け、翌月には審査する体制に改められた。社員はいつでも思い立った時に提案できる。

その後、第１次審査を通過すると、受賞者本人が事業化を「始めなければならない」。プログラム創設時の担当者だった麻生要一氏によると、「言い出しっぺにやらせる」ことがリクルートのＤＮＡであり、その伝統はここで維持されている。

第１次審査を通過した社員は業務ミッションの20％を新規事業の開発に充て、うまく進捗して第２次審査を通過すれば、今の仕事を離れて１００％新規事業に集中する。この過程で、提案者は少なくとも1年間新規事業立ち上げにコミットできる。

優れたアイデアは賞状を貰うだけでなく、第3章で述べた通り、実際に事業化の予算がつく。各プロジェクトの進捗度合いに応じて、シリコンバレーのベンチャー企業がベンチャーキャピタルやアクセラレーターから受けるようなサポートを利用することもできる。同時に、社内に留まらず、他社や自治体と共同で新規事業開発も行っている。過去に、ソニー、三井不動産、サイバーエージェント、長野県塩尻市などと協働した実績がある。

峰岸氏によると、この仕組みによって、グループ内の新規アイデアが円滑に集約されるようになった。そして、事業化をサポートする本社人材の経験値も高まった。社内でサポートできる人材がいない分野では、外部の協力企業やコンサルタントが招聘された。

リクルートベンチャーズがスタートした２０１４年のエントリー件数は２１０件だった

が、2016年に700件に増えた。この期間、事業化ステージまで進出したのは合計12件だった。約2％の「成約」比率はベンチャーキャピタルの投資決定ペースに似ており、手を挙げる社員は多くても、事業化に進むことができるのはごくわずかなことが分かる。事業の質を高めるためには当然といえる。

リクルートベンチャーズから独立が認められた「卒業生」第1号が、学校の教師と保護者の連絡を最適化する『うさぎノート』である。

プログラムは一般的な社内研修と異なり、リアルな事業を作ることを目的としている。このような取り組みは他社でも見られるが、リクルートの特徴はプログラムを圧倒的に長期間継続していることだ。新規事業から成果が出ない

● リクルートのプラットフォームと起業家輩出の仕組み

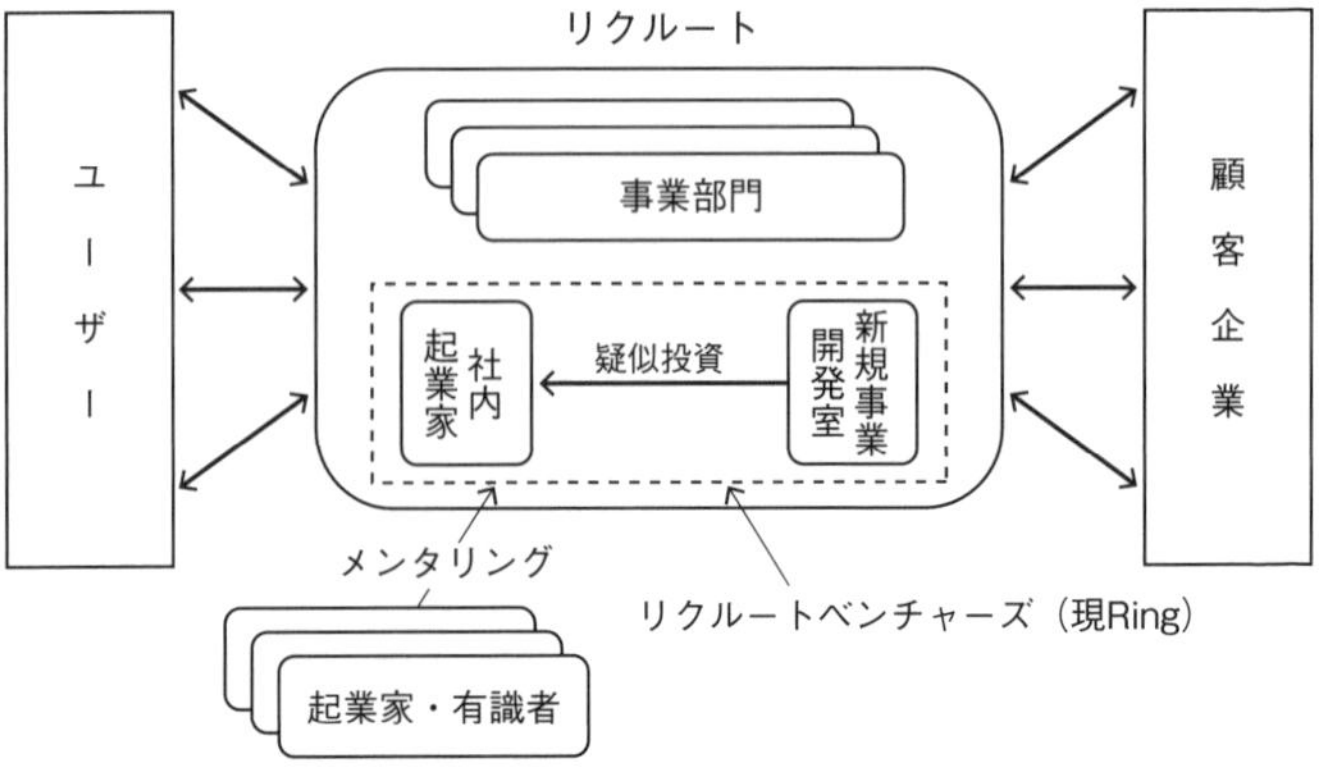

リクルートのホームページなど各種資料を参考に筆者作成

と、せっかくの試みを中途半端にやめる企業が多いが、継続は強みである。

また、社員はプログラムを通じてベンチャー企業や起業家との接点を持つことが可能になる。こういった関係は、大企業とベンチャー企業間でよく見られる「強者対弱者」の関係と異なり、会社の看板を超えた人的ネットワークに発展しやすいと思われる。

セブン-イレブン
仕組み化によって業界最大のヒット作を生む

第1章で紹介した通り、セブン-イレブン・ジャパン（以下、セブン-イレブン）創業時に鈴木敏文氏（現セブン＆アイ・ホールディングス名誉顧問）が陣頭指揮を取り、拝み倒してパートナーになった取引先が母体となって、『チームMD』というプラットフォームが構築された。メーカーや流通企業などを巻き込んで、チームとして商品開発や店舗設計を行うことが、同社創業以来のビジネスモデルである。

ただ、変化が激しい小売業界では、プラットフォームは常に顧客本位で進化させなければならない。その努力の末に大ヒットしたのが『セブンプレミアム』というプライベートブランド（PB、小売企業の名前で開発された商品）である。

セブンプレミアムが2007年にスタートした時、菓子や飲料などアイテム数は49個、年間販売額は約800億円だった。それが、2016年にはアイテム数3650個まで増え、年間販売額1兆1500億円という、コンビニ業界最高のヒットとなった。

セブン-イレブン流SPAで徹底的な品質改良

同社創業のリーダーだった鈴木氏は、著書『セブン-イレブン流通情報戦略』において、「セブン-イレブンこそSPA（製造小売業）である」と語っている。

SPAの成功例といえばユニクロが思い浮かぶが、「セブン-イレブン流SPA」でも、小売企業が自らマーケティングして、メーカーや流通と共同で商品を開発する。同社の店頭では、そのような商品が7割以上を占める。

『セブンプレミアム』のようなPBは、パッケージに小売店のロゴが付いて、「小売店の商品」として販売されるが、実際は別のメーカーが製造している。これに対して、日本ハム、味の素といったメーカーのロゴがパッケージに書かれて、全国の小売店に置かれている商品が「ナショナルブランド」（NB）だ。

セブンプレミアムが生まれたのは、ヨークベニマルの大高善興会長の「セブン&アイ・ホールディングス（以下、セブン&アイ）グループ各社共通のPB商品が必要だ」という発言がキッカケだった。

セブン&アイは、セブン-イレブン、イトーヨーカ堂、西武・そごう、ヨークベニマルなどのグループ企業を再編した持ち株会社として2005年に設立された。同社関係者によると、大高氏の発言は、グループ内の協力方法を模索していたことが背景にあった。

セブンプレミアムは、セブン-イレブンの商品開発力を生かすことを中心に、グループ各社が手弁当で参加する実験的プロジェクトとして始まった。

最初、セブン-イレブンは販売に加わらず、スーパー各社のみで売られたが、日配食品（冷蔵食品などの総称）が「使い勝手が良く値段も手頃だ」と好評になり、その後グループをあげて取り組むことになった。商品開発の手法は、コンビニのやり方を基本にして、スーパーの生鮮食料品ノウハウがミックスされた。

セブンプレミアムの成功は、品揃えの豊富さとともに、チームMDによって徹底的な品質改良が行われていることから来ている。

例えば、主力商品であるおにぎりは工場で機械生産されている。綺麗な三角形に握られたご飯と別包装でパリパリ海苔の組み合わせが好きな人は多いが、昔ながらの、丸くて湿った海苔が張り付いたおにぎりが好きな人もいる。また、米や具材にこだわった「手作り」おにぎりが他社でヒットしていた。そこで、新たに「手作りに近い食感」のおにぎりを作る機械が開発された。

同社の商品は1年間になんと約7割が新しい商品に入れ替わる。セブンプレミアムの合計販売額は増えても、1年間生き残る商品は3割に満たない。この「多産多死」の競争システムが全体の成長を可能にしている。

『セブンプレミアム』によって仕事のやり方が変わった

セブンプレミアムは同社が戦略的に生み出したヒット商品だが、その商品によってセブン-イレブンの仕事のやり方が変わった。次の3つの変化を遂げている。

① 生産を特定のメーカーに任せず、自社主導で複数メーカーを組み合わせること
② 大量発注によって製品のコスト構造を変化させたこと
③ 従来のコンビニでは考えられなかった商品が開発されたこと

まず、生産を特定のメーカーに任せず、自社主導で複数メーカーを組み合わせて生産するケースが増えた。

従来は、同社が顧客ニーズを掘り起こすが、生産は委託先のメーカーに任せられていた。例えば、ラーメンは従来、麺、スープ、具材とも1社に開発を任せ、まとまった1つの商品として生産された。

ところが、セブンプレミアムでは、麺、スープ、具材ごとにベストと思われるメーカーに別々に発注して、3つをマッチングさせる方法に変わった。また、レトルトのカレーでは、ソース、肉、野菜に分解して別々のメーカーに発注された。マッチングによって、従来のインスタント商品より質的に高い商品が可能になった。

2番目に、製品のコスト構造が変化した。複数メーカーに分割して発注する過程で、メーカーの製造コストが透明になり、メーカーと小売の間の利益の奪い合いという不毛な戦いが減った。その分、製品の価格を下げて顧客に還元できるようになった。

また、従来フイルム包装材や物流はメーカーが個別に発注していたが、これがセブン-イレブンの一括発注に変わった。結果的に全体のコストが下がり、昨今の人手不足への対応もできた。

3番目に、従来の小売の常識から考えられないヒット商品が生まれた。セブン＆アイの鈴木氏は「おいしいものほど飽きられるのが早い」という考えを持つ。ヒット商品でありながら『金のハンバーグ』の素材、製法は、ほぼ毎年変わり続けている。もっとも商品名やラベルは2010年の販売開始以来変わっていない。

『金のビーフカレー』は1パック400円近いというコンビニの常識から外れて高価な商品である。ただ、本格的な味わいが評価され、大手メーカーがNBによって追随するまでになった。

生鮮食品の『こだわり新鮮たまご』は、採卵日にパックして、2日以内に店頭に届けられる。『たまご屋さんの切れてる厚焼き玉子』は、加工食品独特の味でなく、「家庭で作ったような美味しさ」を出すことに焦点を当てている。

「コンビニに置いてある商品はこんなものだろう」という常識が変わりつつあるのはプラットフォーム進化の成果といえる。

プラットフォームが柔軟に進化する理由

セブンプレミアムが今後進化を続けるためには、ベースとなるプラットフォームであるチームＭＤにかかっている。チームＭＤが、柔軟なプラットフォームとして進化を続けている理由は次の３点だ。

１番目は、顧客ニーズを中心として商品開発が行われており、小売業界の都合で動いていないことである。

セブン＆アイ傘下のすべての百貨店、スーパー、コンビニがセブンプレミアムを販売している。小売の業態が違えば、ディスプレイ、品揃え、商習慣が異なり、同じＰＢ商品を販売することは稀で、顧客も業態に合わせて買う物を変えることが当たり前だった。

セブンプレミアムによって、良い商品は小売の業態が違っても売れることが実証された。

２番目は、顧客ニーズを広範に吸い上げる仕組みが出来上がっていることだ。セブン＆アイ・グループ全体で２万４４６０店に達する国内店舗網（２０１８年５月現在）が顧客のビッグデータ収集源となっている。同社によると、全国店舗の来店数は１日当たり

2500万人に達する。業態によって異なるが、『ナナコ』などの提携カードを持っている来店者の比率が25～50％なので、顧客属性と結び付いた購買情報を大量に集めることができる。

また、本社がある東京の四谷駅近辺に勤務する社員約2万5000人が購買モニターとして登録され、商品や店舗についての意見を募る仕組みが出来上がっている。商品開発と関係ない社員やパートがモニターになるので、顧客と変わらない目線の意見が寄せられる。特定商品の調査をすれば、1週間で結果が出るというスピーディさが強みである。ネットでは『セブンプレミアム向上委員会』というコミュニティサイトを設け、顧客の考えを収集している。

プラットフォーム進化の3番目の理由は、セブンプレミアムがメーカーの生産性に影響を与えるまで巨大化したことだ。メーカーは販売力が強い店に売ってもらいたいので、一般的に小売の立場の方が強い。ただ、ブランド力がある大手食品メーカーは、小売主導のPBより、自社が主導するNBを好む。

「できればPBはやりたくない」と思っている大手メーカーも、セブンプレミアムが巨大化すると、そうは言っていられなくなる。実際、大手メーカーが作るPB商品がセブンプレミアムに多数含まれており、しかも増加傾向である。

セブンプレミアムの総売上高約1兆５０００億円（２０１９年度の同グループ計画）のうち、食品は1兆円を超える。この数字は加工食品市場の３％を占め、既に市場全体に影響を及ぼすほど巨大になっている。食品市場全体のパイはほとんど増えていないので、メーカーがＰＢ商品を作ることを渋ると、結果的に工場の稼働率が下がってしまう。ここまでプラットフォームが大きくなると、ブランド力がある大手メーカーも無視できなくなる。

小売とメーカー間で起きる新たな競合

プラットフォームを強化したセブン-イレブンは、本来競合関係にないはずの食品メーカーと競合になりつつある。従来、「ＮＢはＰＢより値段は高いが、ＮＢは目新しく付加価値が高い」という棲み分けが両者間にあった。ところが、セブンプレミアムの商品開発力が高まれば、棲み分けが難しくなる。小売のユニクロがアパレルメーカーの市場を奪ったことと同様である。

ただ、大手メーカーとセブン-イレブンが競合せず、協力して商品開発することも少なくない。

例えば、最近よく見かける炭酸水は、以前コンビニの店頭に並んでいなかった。店舗側も「売れない商品」と思っていたが、「ハイボール・ブーム」のおかげで突如「炭酸水」という有望な市場が生まれた。

ハイボール・ブームは、販売が低迷していたウイスキーをテコ入れしようと、サントリーが、酒場でハイボールのプロモーションをしたことがキッカケだった。

その後、ウイスキーと炭酸水を別々に売るより、最初からブレンドして売った方が手軽だという発想で開発されたのが、「ハイボール缶飲料」である。サントリーとヨークベニマルが、東北地方で共同試験販売を行ったことから開発が始まっている。

競合する他のコンビニ企業も、セブンプレミアムと同様のＰＢ戦略を取っており、アマゾンや楽天のようなネット小売業も食品に力を入れている。セブンプレミアムにとって厳しい競争環境が続く。顧客情報の精緻な分析、商品開発に妥協しないなど、プラットフォームを進化させる施策が必要と思われる。

コマツ
「世界初」にこだわり最先端企業を引きつける

標高４０００ｍ級の山岳地帯にある過酷な鉱山現場では、ダンプトラック運転手の人手不足が深刻だ。コマツの『無人ダンプトラック運行システム』は、この課題に対応するために開発された。

同システムの製品化には、詳細な地図ソフトウェアと、ダンプトラックがいる場所を高精度で把握する位置測定機能が必要である。鉱山の地形は日々刻々変わるので、ＧＰＳセンサーを搭載した車で、地図を頻繁にアップデートしなければならない。無人ダンプトラックの動きは、５つ以上の人工衛星を使って誤差５㎝の精度で管理され、数千㎞離れたオペレーションルームでリアルタイムに管理できる。

このイノベーションには、ベンチャー企業との提携が不可欠だった。無人運転システムに必要なＡＩやＩｏＴを開発しているベンチャー企業は、近年増えている。ところが、コマツが無人運転の研究を始めた２０００年代前半は、世界のどこに最先端研究があるかさえ分からなかった。

苦労して探し当てたのは、『米国防高等研究計画局』（ＤＡＲＰＡ）が研究していた「無人戦車」や「無人飛行機」だった。コマツはＤＡＲＰＡからスピンオフしたベンチャー企業と、無人ダンプトラックの共同開発を始めた。現在はドローン開発の米スカイキャッチ社、ＡＩ用半導体世界トップの米エヌビディア社などが、コマツの有力なパートナーである。

一般的に、ベンチャー企業は大企業より立場が弱いが、「最先端ベンチャー企業」と認定されれば立場が逆転して、ベンチャー企業がパートナーとなる大企業を選別するようになる。

「何故、これら米国の有力ベンチャー企業は、スピードが早いはずの欧米企業でなく、日本のコマツと共同開発に注力するのだろうか？」という疑問が当然湧く。その答えは、コマツが常に「世界で初めて」の開発要求をするので、ベンチャー企業はあまり儲からなくても、コマツと一緒に仕事をしたがることだ。キーワードは「世界初」である。

ベンチャー企業が大企業と共同で仕事をする場合、大企業の意思決定の遅さに辟易とすることが多い。一般的にフットワークが軽いと思われている米国企業も、実は時間がかかることは日本企業と大して変わらない。

ベンチャー企業の武器はオリジナリティなので、彼らは「世界初」の成果にこだわる。また、手持ちキャッシュが少ないので、事業進展に時間がかかると、文字通り命取りになる。第3章で述べた通り、コマツは、アイデア・フェーズを社長直轄にして事業のスピードを維持しているので、最先端のベンチャー企業に「是非組みたい」と思わせることができる。

建設機械市場におけるＩｏＴ

コマツの『コムトラックス』は建設機械市場で他社に先駆けて商用化したＩｏＴである。２０００年代に入って、米ＩＢＭ、米ＧＥ、独ＳＡＰ、独シーメンス、日立製作所、三菱重工業、ＮＴＴなどがＩｏＴの実用化を進めたが、これら企業の主な目的は、工場やオフィスの生産性向上だった。コマツは、違ったアプローチでＩｏＴを活用している。

コムトラックスは、油圧ショベルなどの建機にセンサーやＧＰＳ通信機能を付けて、各建機が今どこにいるか、どのように使われているかの情報を遠隔で確認し、自社サーバーに蓄積するシステムである。

建機の位置情報以外に、エンジンが動いているか止まっているか、残っている燃料の量、1日の稼働時間などが、コマツのサーバーで把握できる。建設現場は広大で、遠隔で状況確認するニーズは大きい。

通信機器は既に販売された製品にアフターサービスで設置されることから始まったが、2001年から新製品に標準装備されるようになった。この決定は当時の坂根正弘社長（現相談役）のトップダウンによるものだった。坂根氏は、2015年のウェブ記事において、コムトラックスが生まれたきっかけを語っている。

1998年頃、盗まれた油圧ショベルを使って銀行のATMを破壊して現金を強奪する事件が多発した。同社は事件について直接の責任がなくても、コマツ製品が強盗に使われたら、イメージが悪くなる。その対策として、「建機にGPS通信機能をつけたらどうか」というところから議論がスタートした。

坂根氏は「センサーを装備した飲料の自動販売機では、どの商品がどれだけ不足しているか遠隔操作で分かる」と技術者から聞き、「じゃあ、同じことを建機でやったらすごいことができるじゃないか」と思った。

コムトラックスの成功要因は、通信機器を早期に標準仕様にしたことである。2000

年前後、建機市場の価格競争は厳しく、メーカーの利益率は下がっていた。この状況下で、通信機能を標準装備にして価格を上げることは難しい決断だった。

今であれば、「これはＩｏＴ製品だから値段が高くなります」と顧客に説明できるが、当時「ＩｏＴ」という言葉を知っている人は世の中にほとんどいなかった。社内でも標準装備に反対意見が出たが、これを押し切ったのはトップの決断だった。

当初の発想は、通信機を使って建機の位置情報をリアルタイムに把握することだったが、エンジンやポンプのコントローラーからも情報を集めれば、建機が稼働中かどうか、燃料の残量はどのくらいかも分かる。これなら、燃費改善

● コマツのプラットフォーム『コムトラックス』

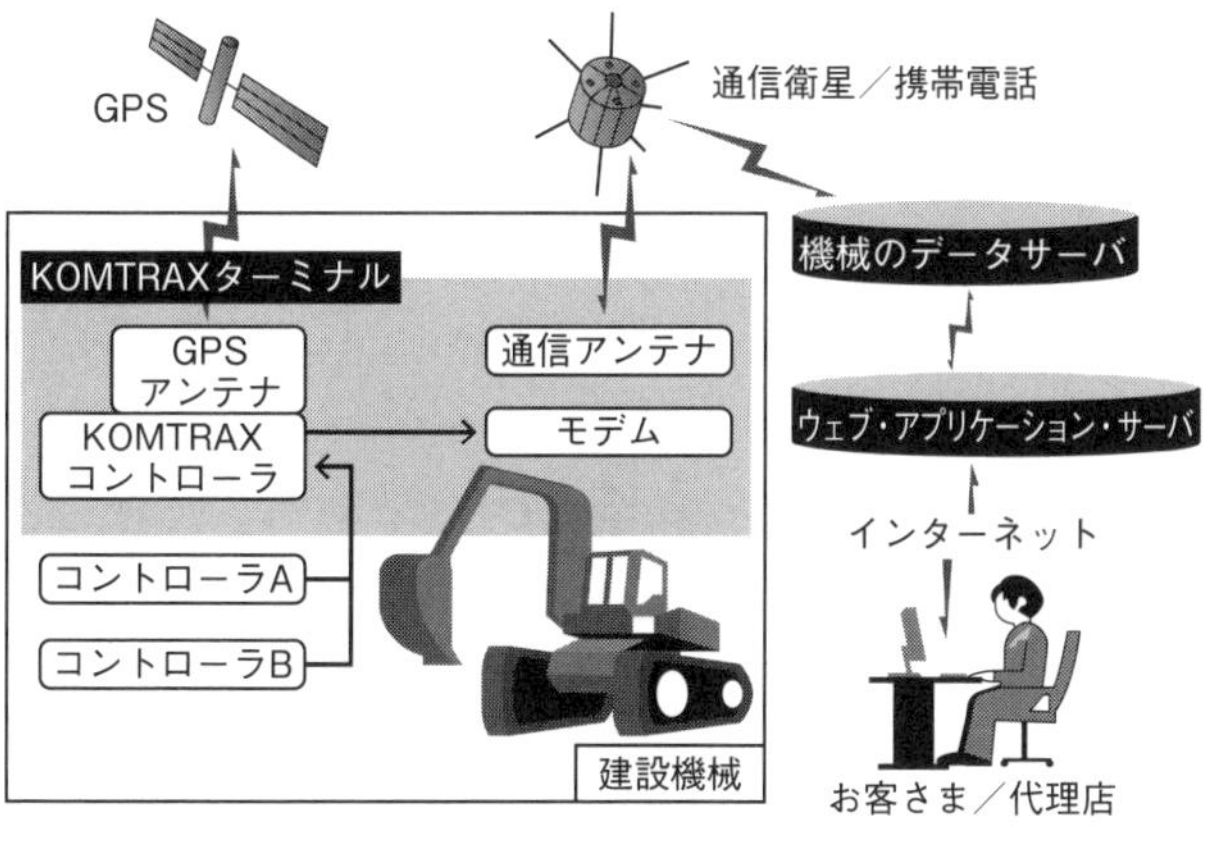

出典：コマツのホームページ

のアドバイス、消耗品交換時期の連絡、ファイナンス、盗難防止など、新しいメンテナンス・サービスができるので、価格が上がっても顧客の理解を得やすい。

2004年に中国市場でも通信機は標準装備となり、それが思わぬ効果を生んだ。その頃の中国では建機が盗まれる事件が多く、事業者の頭痛のタネだった。その状況下、通信機付きのコマツ製品は「盗まれにくい」と評判になり、ついでに盗難保険料まで安くなった。

中国の建設市場は、日本のようにゼネコンがプロジェクト管理するのでなく、「一旗揚げる」タイプの個人事業主が中心である。建機は高額なので通常リース販売するが、信用リスクが高い個人事業主はリースの与信が受けられない。これが中国ビジネスのネックだったが、リアルタイムで情報が分かるコマツ製品であればリース可能で、販売を伸ばすことができた。

コマツは、顧客が建機を購入する際に保証契約を結び、数年経って顧客に「買い取ってほしい」と言われれば、高めの価格で買い取ることにした。このスキームではコマツに買い取り負担が生じるが、販売数が伸び、保証期間内にトータルで利益を出す事業が可能になる。

世界最大の建機メーカーである米キャタピラー社も、近年コマツの後追いで通信機能を標準装備した。ただ、市場は製品性能の争いでなく、継続的なサービス競争に移っており、ＩｏＴサービスを長く続けているコマツにはアドバンテージがある。

ＩｏＴの範囲を「建機」から「建設現場」に広げた

コムトラックスは日本初の本格的なＩｏＴサービスで、メンテナンス、ファイナンスなどの顧客対応が向上し、メリットは大きい。

ところが、同社の野路國夫会長によると、コムトラックスを始めてみると、それだけでは十分に顧客ニーズに応えられないことが分かった。例えば、掘削現場で土砂が山積みになってもダンプトラックが来なければ、次の作業に移ることができない。高価な通信機付き建機も宝の持ち腐れになる。また、ＩＴによって建機やダンプトラックを効率よく配備しても、現場の測量に時間がかかれば、意味がなくなる。

せっかく開発したコムトラックスが顧客ニーズに十分に応えていないので、ＩｏＴの範囲を建機から建設現場全般に広げた。それが『スマートコンストラクション』（スマコン）である。

まず、人が現場を歩いて数日かけて実施していた測量は、ドローンを飛ばして数十分でできるようになった。また、建設現場には細かい部材が沢山ある。従来は人が形状を測量してデータ入力していたが、スマコンでは、機器が部材を画像解析してデータが自動入力される。さらに、現在の地形データと工事で作り変えたい地形データの両方を入力すれば、建機が自動で作業して工事が完了するところまで進化している。

経済構造の変化に備える

スマコンはコマツの事業範囲を広げることに役立った。ただ、建設生産のプロセスをさらに効率化しようと思えば、建機、測量機など機器

● コマツのプラットフォーム『スマートコンストラクション』

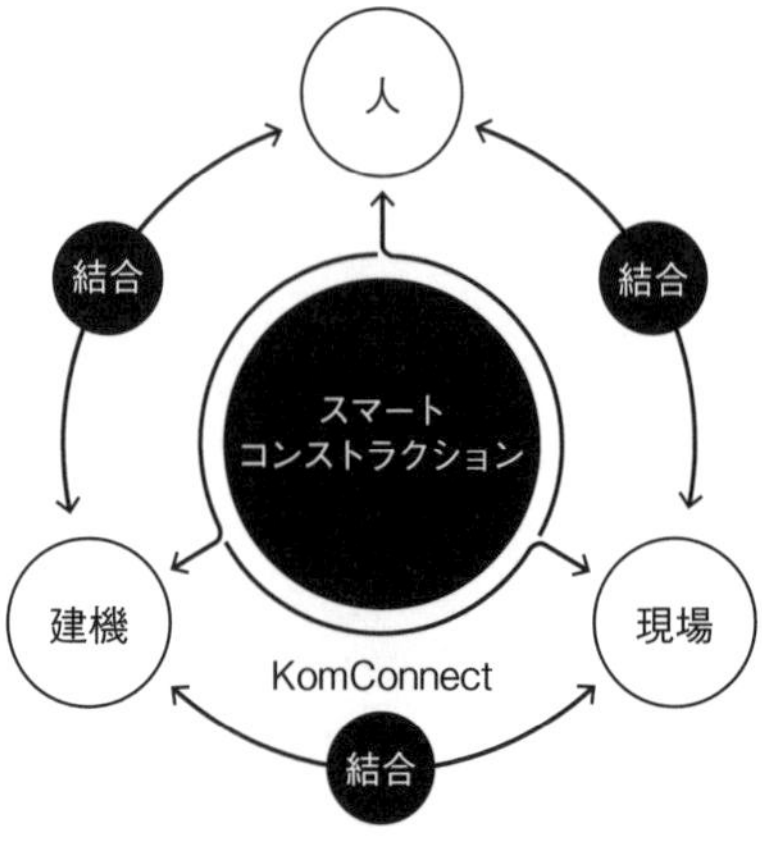

出典：コマツレンタルのホームページ

のデータを集約するだけでなく、作業員が働いた内容、作業の結果で起きた地形の変化などのデータも即時に集約しなければならない。

改革は続き、２０１７年７月、コマツはＮＴＴドコモ、ＳＡＰジャパン、オプティムと共同で、『ランドログ』というＩＴプラットフォームの構築を発表した。

ランドログのソフトウェアの接続仕様（ＡＰＩ）は公開されており、誰でもアプリの開発に参加できる。驚くのは、米キャタピラーや日立建機などコマツの競合企業も、ランドログの情報にアクセスできることだ。

何故、コマツは競合他社にも情報を公開するのか。

建設現場ではコマツ以外の建機も多数使われ

● コマツのプラットフォーム『ランドログ』

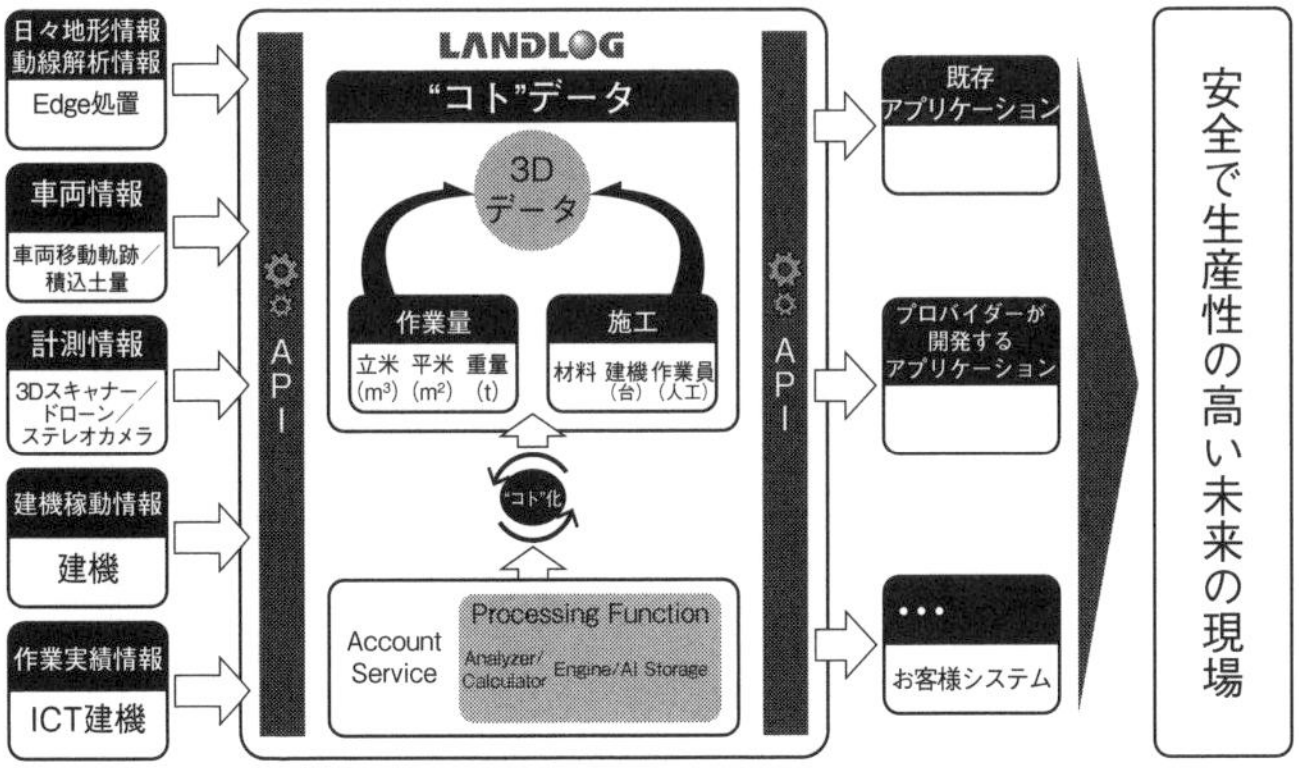

出典：NTTドコモ2017年7月19日報道発表資料

ている。他社製品のプラットフォームへのアクセスを断れば、参加する顧客の利便性は下がる。そこで、コマツは思い切って自社のランドログへの同業他社の参加を認めた。ライバル企業に情報を与えるマイナス面を犠牲にしても、プラットフォームが強くなるプラス面が優先された。

この戦略はさらに先を見据えている。建機に「シェアリング経済」が導入されることへの備えだ。現状のシェアリング経済は、米ウーバーなどのライドシェアと、米エアビーアンドビーなどの民泊が中心で、大半の産業への導入はこれからである。

建機は24時間稼働しているわけでなく、使われずに放置されている時間が長い。したがって、ユーザーである建設業者にとって、建機を保有することはムダが多い。現状を改善するために、建機の保有台数を減らして、足りない時に「シェアリング」によって調達できるとコストを削減できる。ランドログがプラットフォームとして大きくなれば、建機市場にもシェアリング経済が導入される日が来る。

本当にそうなると、建機の販売台数は確実に減るので、コマツにとって打撃である。にもかかわらず、コマツがランドログをオープンにした目的は、野路氏によると、プラットフォーム事業に「早く」参入することである。自社製品が売れなくなるという理由でプラットフォームを中途半端なものにすると、米グーグルや米アマゾンなどが先にこの事業を始めるかもしれない。ここまで来ると手遅れで、コマツはプラットフォーム企業の下請けになってしまう。

どんな市場でもシェアリング経済が本格的になれば、メーカーは必然的に製品生産量を減らさなければならない。その時にメーカーとしてどのような差別化を目指せばよいのか、実際にプラットフォームを運営してみないと答えを見つけられないのが現実だ。

シェアリング経済が、カーシェアリングや民泊といったサービス業以外に、自動車、家電など製造業を含めて広範に影響を与える時代は遠くないだろう。トヨタ自動車は米ウーバーなどに出資し、さらにはトヨタコネクティッドという子会社を設立した。公式には表明されていないが、同社の目的は、シェアリング経済を研究してウーバーやグーグルの下請けになるのを避けることと思われる。「はじめに」で記した新分野への「ジャンプ」の一例である。

第5章

事業出口を柔軟に探す

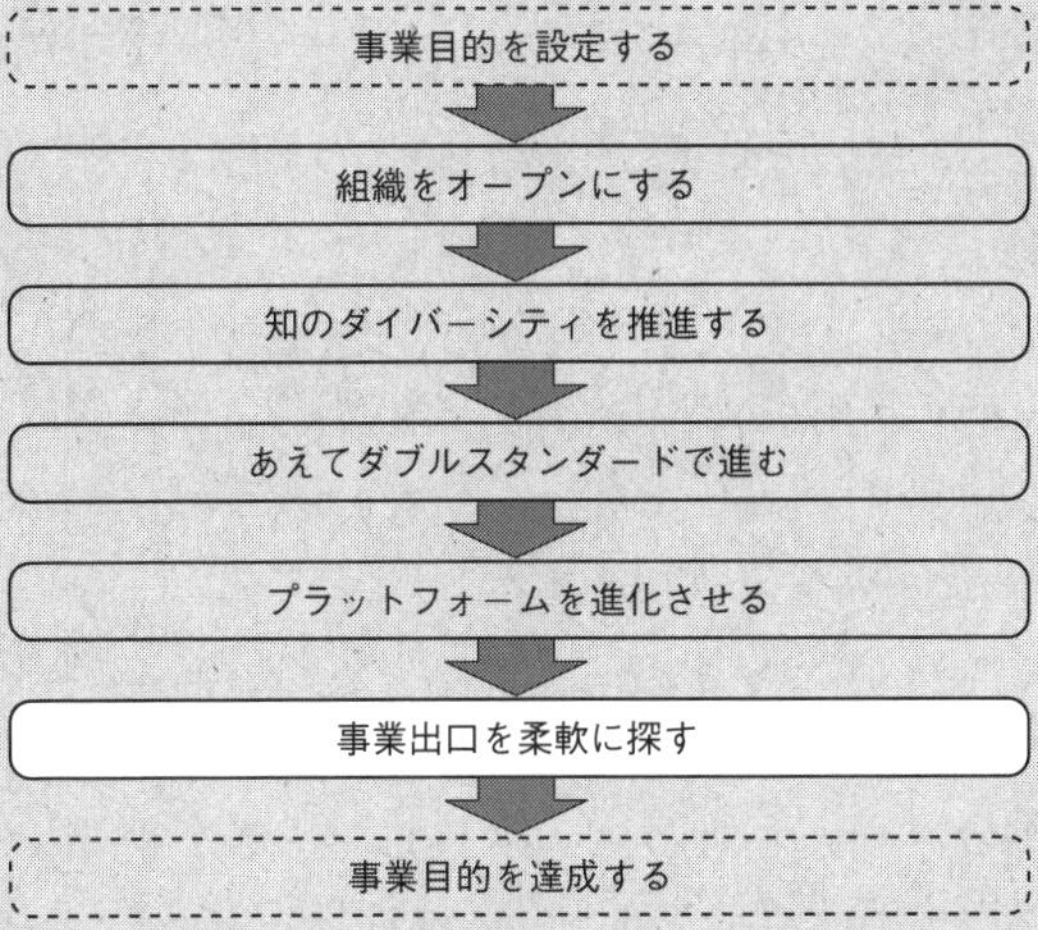
事業目的を設定する
組織をオープンにする
知のダイバーシティを推進する
あえてダブルスタンダードで進む
プラットフォームを進化させる
事業出口を柔軟に探す
事業目的を達成する

前章まで、先を見据えて変革を進めている企業が、オープンな組織⇓知の融合とダイバーシティ⇓別組織による事業開発⇓プラットフォームの進化という一連のプロセスを、どのような工夫を凝らして推進しているかを見てきた。

イノベーションでは、最終的には設定した事業目的の実現を目指すが、硬直的なやり方ではゴールに到達することは困難だ。目的達成ためには、事業出口を柔軟に見据えることが重要である。次の2つの方法で出口を模索する例が多く見出される。

①「ハコモノ」から始める

②「選択と分散」を行う

「ハコモノ」から始める

ビジネスでも行政でも「ハコモノ」はネガティブな響きを持つ。郊外の森で威容を誇る研究所や立派な市役所ビルなど、ハコは予算さえあれば作ることができる。ところが、ハコ作りに予算とエネルギーを奪われて、出来上がったハコを動かす人材や情報などのソフト整備まで手が回らないことが多い。このようなイメージが強いため、ハコモノは嫌われる。

近年、モノ（ハード）を売るだけでは儲からなくなったので、ハード事業にＩＴ事業を組み合わせてイノベーションを目指す企業が増えている。シリコンバレーのＩＴ企業に言わせれば、ハード事業は「時代遅れ」であり、まるでハコモノのような扱いを受けている。

「ハコモノをやめる」がスローガンとなっている企業は多い。しかし、その常識に反して、ハコモノを大事にして強くなる戦略が功を奏した例もある。単にハコモノを作るのではなく、ハコモノが社内外に効果的なメッセージを発することが重要である。

企業の事業内容は多様化しており、外部からはその会社の全体像を理解できなくなっている。例えば、旭化成は元々繊維メーカーだったが、今は住宅メーカーのイメージが強い。しかも、医療やエレクトロニクスにも力を入れている。同社に限らず、「この企業はこんなこともやっているんだ」という発見は多い。そうであれば、自社の経営資源を「ワンストップ」で発信する機能があれば、外部からより深く理解してもらえる。

富士フイルムの『オープンイノベーション ハブ』（ＯＩＨ）、コニカミノルタの『ＳＫＴ』、スリーエムジャパンの『カスタマーテクニカルセンター』（ＣＴＣ）は、ワンストップの情報発信機能の例である。

富士フイルム
自社を「ワンストップ」でアピールする場を作る

富士フイルムの祖業である写真フイルム市場の消滅が確定的になった2000年代前半、同社は、知恵を融合して新しいものを創造する『融知・創新』という理念を掲げた。その理念を具体化させたのが、六本木の東京ミッドタウンにある『オープンイノベーションハブ』（OIH）という「ハコモノ」である。そこでは富士フイルム全社の技術情報にワンストップで触れることができる。

OIHが外部に発するメッセージは「富士フイルムは『フイルム』だけでなく、様々な分野の研究開発を行っていること」である。訪問した企業、大学、研究所は、同社に対して持つイメージと実態とのギャップに驚き、想定していなかった事業機会に発展することがある。

OIHには、「うちはオープンな会社に変わった」というメッセージを社員に発するシンボルの役割もある。

ＯＩＨ館長の小島健嗣氏によると、この施設は、「暗室文化」と呼ばれたかつての自前主義から抜けきれない社員に対して、「会社が変わった」というメッセージを伝える役割を果たした。外部とのミーティングだけでなく、社員向けのワークショップが重要と位置付けられており、社内イベントが定期的に開催されてきた。累計で約４００回の会合に約３０００人が参加した。その効果は大きい。

また、ＯＩＨで展示されるデータや試作品を作る過程で、「この情報は秘密にするが、その情報は外部に見せてよい」という、オープンイノベーションに不可欠な情報を整理する機能もある。

第０章で指摘した通り、企業が他社とコミュ

● 富士フイルムの『オープンイノベーション ハブ』

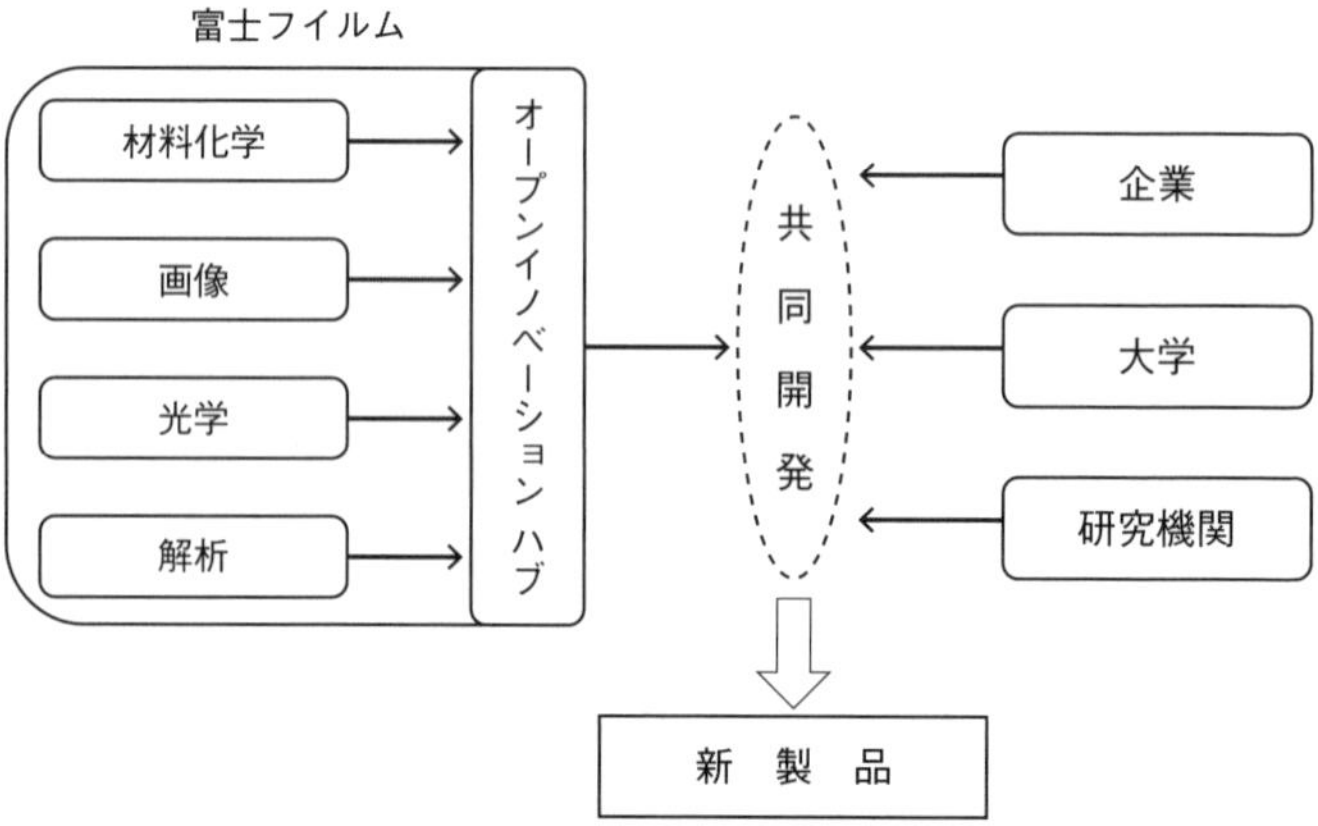

富士フイルムのホームページなど各種資料を参考に筆者作成

ニケーションをする時、どの情報を隠して、どの情報を公開するかを決めるのは簡単でない。ワンストップの場を作れば、情報公開方針が必然的に整理され、社員は外部と躊躇なく会話して、提携を目指すことができる。

「融知・創新」のために社内技術を棚卸し

２００４年、富士フイルムの古森重隆社長（当時）がオープンイノベーションのベースとなる『融知・創新』を唱えた際、まず本社に与えられたミッションは、社外の情報を集めるよりも、「社内の知恵を融合」することだった。

最初に、戦略分野に合わない研究テーマが徹底的に削り落とされた。それが一段落して、今後何をすべきかを考えるために、自社技術の「棚卸し」が行われた。キーマンへのヒアリングが行われたが、それによって自社の強みを客観視できるようになった。

また、外部と協働してイノベーションを起こすには、「面白い」技術をピックアップしなければならない。さらに、技術を「翻訳」して専門外の人にも理解してもらう努力が不可欠である。

ただ、社内の知恵の融合は一筋縄では行かなかった。まず、マネジメントや人事評価を変えることが計画されたが、様々な反対意見が出て、うまく進まなかった。ＯＩＨ館長の小島氏によると、大部屋のレイアウト変更だけでも大仕事だった。

当時の研究組織は、有機合成、高機能材料など機能別に「縦割り」された複数の研究所で構成されていた。しかし、従来の縦割りには当てはまらない、例えば「光をコントロールする」というプロジェクトがあると、単独の研究所では対応できなかった。

そこで、各研究所のスタッフが集まって「知恵を融合」するのだが、プロジェクト関係者がバラバラに座っているより、近くに集めた方が効率的だ。

ところが、「自分の部下がどこに座っているか分からず、勤怠管理ができない」というクレームが中間管理職から出た。挙句、「火事になった時に点呼がとれない」という意見まで出て、レイアウト変更はお蔵入りになった。

自社の技術ラインアップを可視化

２０１４年１月に開設されたＯＩＨは、同社創業80周年イベントの一環として作られた。ＯＩＨは富士フイルムにとってワンストップの情報発信の場であり、そこを訪問すれば、有機合成、医療・ヘルスケア、ディスプレイ材料などの研究成果を、パネル、試作品、画像などの形で見ることができる。企業、大学、研究所からゲストが毎日のように訪れ、その場で共同研究・開発に発展することも少なくない。

ＯＩＨは、同社がオープンイノベーションに力を入れていることを外部に示す象徴となり、多様な情報を集める機能を持つ。館長の小島氏によると、立ち上げは苦労の連続だったが、２０１８年4月までの累計で、約２２００社、1万１０００人との接点ができた。現在は、米国カリフォルニアとオランダを合わせた3極体制で運営されている。

外部との接点という意味では、このような施設は人が集まりやすい都心にあることが望ましい。ただ、コストを考えると、「小田原の研究所に設置することが現実的だろう」と現場は悩んでいた。ところが、最後に「どうせ作るなら、東京ミッドタウンの本社にしたい」と提案したところ、古森会長の鶴の一声で、都心に設置することが決まった。

ＯＩＨの立ち上げ前にも、情報発信のために色々な試みがなされていた。エース級の部長を集めて技術マーケティングを行い、いくつか事業シーズが生まれたが、活動が属人的で、長続きしなかった。その後、ナノテクノロジー展などの技術展示会でブースを出すなど地道な努力を続けた。同時に、自社単独の技術展示会なども検討されたが、結果的に常設施設であるＯＩＨに落ち着いた。

ワンストップ化の効果

ＯＩＨの重要な役割は、今でも「写真フイルム」のイメージが強い富士フイルムが、実は写真関連技術をベースに様々なことに取り組んでいることを外部に知ってもらうことだ。本業は「写真フイルム」から大きく変わったが、過去の歴史を含め「富士フイルムを理解できる」場所にすることが目標だ。

「こんなことは当然世間も知っている」と自社で思われている事業が、他社からは意外なほど知られていないことが多い。さらに、巨大な組織では、社員ですら自社の全体像が分かっていない。「うちの会社はこんな事業もやっていたんだ」と驚くことも珍しくない。

また、ワンストップの場があると、顧客へのアプローチを変えることができる。例えば、高機能材料を自動車メーカーに売り込みたい場合、従来は素材サンプルを持って先方の研究所を訪問するしかなかった。そこでは持参した素材の善し悪しを議論するしかないが、ワンストップの場があれば、自動車メーカーに来てもらい、今まで想定していなかった、例えば「自動車とヘルスケアの組み合わせ」というテーマに発展する可能性がある。

ＯＩＨ開設の準備段階で、展示する技術をパネルにするコンテンツが決められたが、これが思いの外難題だった。文章、図表、画像などの組み合わせで、50点近い展示物の内容を決めなければならない。展示物は冊子にまとめて配布されるので、どの情報をオープンにして、どれを秘匿にするか細心の注意が必要だった。

小島氏によると、担当者によって出てくる情報の質や種類が違うため、統一感を出すことが難しかった。そして、苦労して展示物を作ったら、出来映えを見た担当者からダメ出しされる。担当者はＯＫでも、今度は部門長が承認しないなど、何度もやり直しが続いた。

展示物は、特許を管理する知財部も交えて何度も議論して作られたので、社員は安心してオープンにできるが、意外にもＯＩＨ開設前はそのようなコンテンツが存在しなかった。ＯＩＨというハコモノができたから、それが引き金となって難作業が進んだことが分かる。また、常設展示スペースの存在は、陳腐化した情報が更新されるプレッシャーの役割を果たす。

ワンストップの場は、新規事業開発のため自社にどのようなサポートが足りないかを明らかにする役割もある。近年、外国企業との提携機会が増えているが、日本企業が知らない課題が多い。例えば、素材のやり取りをする場合、取引が輸出入規制に適合しているかのチェックが必要である。また、秘密保持契約書も相手の準拠法に合わせて雛型を変えなければならない。このような手続きに時間がかかっていると、せっかくのビジネス・チャンスを逃してしまう。ＯＩＨを始めてみると、様々な課題をワンストップで解決する機能があることが分かった。

コニカミノルタ

グローバルな情報発信の「場」を作る

コニカミノルタは、２００６年に祖業である写真フイルム、カメラ事業からの撤退を発表した。「当社は新規事業でイノベーションを起こすしか道がない」という決意が読み取れる。同社がターゲットとする市場では巨大なライバル企業が存在するので、彼らと正面からぶつからず、ライバルが注力しない市場に進出し、小さい市場でもトップを狙う『ジャンルトップ戦略』も打ち出されている。

常にイノベーションを追求するシンボルとして、２０１４年、東京都八王子市に『コニカミノルタ八王子ＳＫＴ』（ＳＫＴ）という研究開発棟が作られた。ここで、他社や研究機関と新規事業の議論が活発に行われている。

ＳＫＴは社外からの訪問者にワンストップで情報発信するハコモノであるが、同時に、社内のグローバル組織への情報発信の場でもある。同社はグローバル化が進んでおり、売り上げの約８割を海外市場に依存している。その意味で、同社のイノベーションは海外市場の方が重要といえる。

近年、ＩＴに力を入れるハード機器メーカーが増えているが、ＩＴ分野は人材不足が著しく、優れた人材を採用することが難しい。この状況下、同社は日本人のＩＴ人材採用にこだわらず、外国人を中心に採用して、ＩＴをイノベーションに必要な「ダイバーシティ」の一貫と位置付けている。ここでもＳＫＴの役割は重要

● コニカミノルタの『エスケーティ』

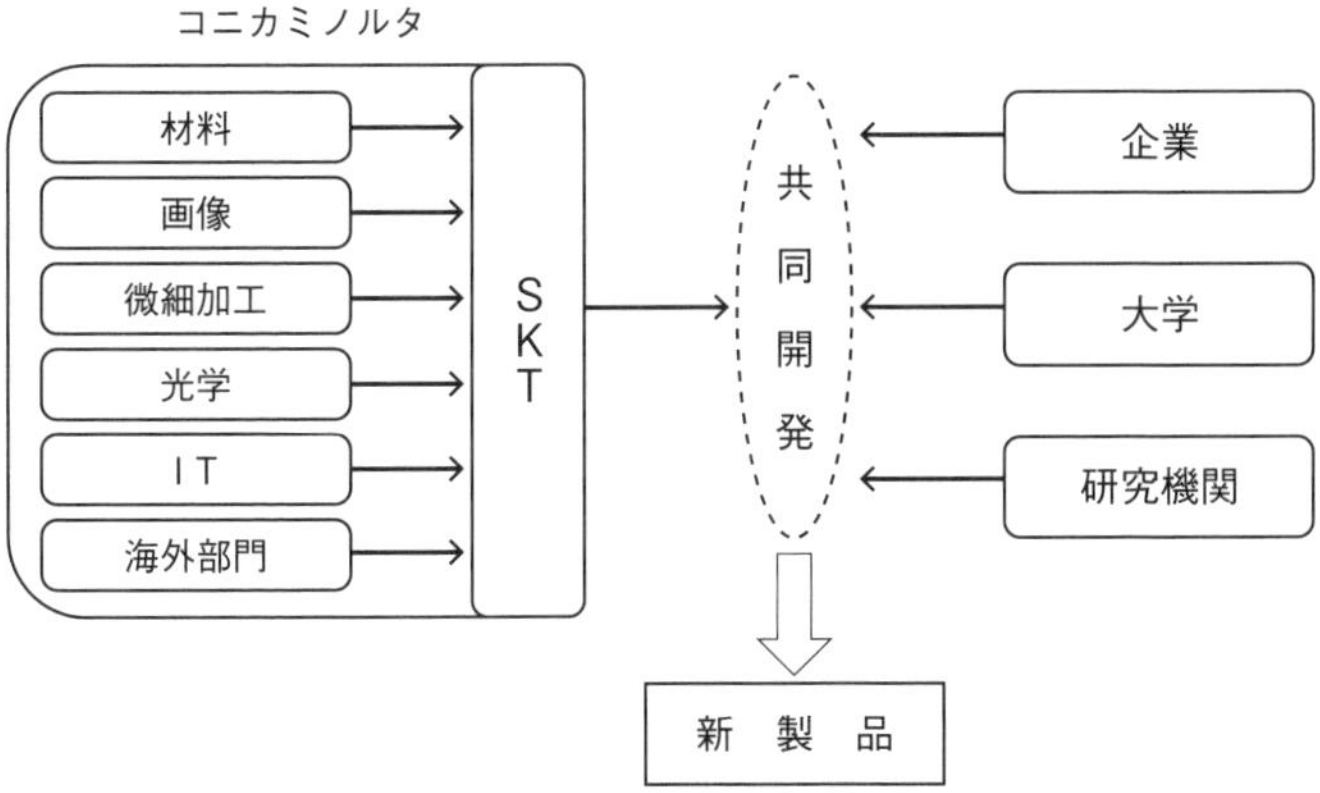

コニカミノルタのホームページなど各種資料を参考に筆者作成

である。

「祖業をやめる」と宣言

コニカミノルタは、写真フイルム事業を祖業とするコニカと、カメラ事業を祖業とするミノルタが、2003年に経営統合して生まれた企業である。統合前の両社は、コニカによる世界初の「自動焦点カメラ」、ミノルタによる「オートフォーカス機能付き一眼レフカメラ」など、イノベーティブな製品を開発していた。今のスマホカメラは、撮影時にピントを自動的に補正してくれるが、昔の一眼レフカメラは撮影者の腕によってはピンボケ写真になったので、自動的に補正するカメラは重宝された。

ただ、カメラを取り巻く環境変化は急激だった。同社が写真フイルム事業、カメラ事業からの撤退を発表した2006年当時、これらは売り上げの約25%を占める大きな事業だった。しかし方向転換の必要性は明らかだった。現在の主要事業は、情報機器、ヘルスケア、産業用材料・機器に変わったが、その過程で「祖業をやめる」ことを宣言して、イノベーションの重要性を強調することが必要だった。

戦略のシンボルであるＳＫＴは、２階にゲストと議論ができる技術ショールームがあり、年間数百件の技術デモンストレーションが行われている。３階から7階は巨大な吹き抜けで、社員が心理的にフロアを移動しやすいようデザインが工夫されている。また、共有スペースが多く、社員同士がコミュニケーションを取りやすい環境だ。

経営統合後のコニカミノルタは、持ち株会社の下に7つの事業会社が配置される体制になったが、一体感を強めるため２０１３年に持ち株会社が各事業会社を吸収合併し、グループ内で分散していた研究開発機能を集約した。

ＳＫＴは社外への情報発信の場という機能があるが、松﨑正年取締役（前社長）によると、この施設は自社のグローバル組織をまとめる役割も持つ。

第2章で述べた通り、同社は、富士フイルム、キヤノン、リコーなどの強力なライバルと戦うため、グローバル展開を加速してきた。提携メーカーや代理店の買収を行いながら海外事業を拡大し、今では世界約１５０カ国で事業を行い、売り上げの約8割は海外で上げている（２０１7年3月時点）。さらに、世界5極に『ビジネスイノベーションセンター』（ＢＩＣ）を設立して、ＩＴビジネス開発の拠点にしている。海外部門と協力してイノベーションを目指す際、本社の技術を集約したＳＫＴの役割は大きい。

「選択と分散」を行う

「選択と集中」戦略は、複数事業を手掛ける企業が、自社のコア事業を「選択」し、そこにヒト、モノ、カネの経営資源を「集中」して、経営の効率と業績の改善を目指すことである。不採算部門から撤退してコストを削減し、限られた経営資源を戦略部門に集中させるので、イノベーションが成功しやすいとされる。「全方位外交」的な戦略ではなかなか成功しないことへの反省も含まれている。

選択と集中の成功例として、米ゼネラル・エレクトリック（ＧＥ）、キヤノン、日立製作所などが挙げられる。ジャック・ウェルチＣＥＯ時代のＧＥは、金融、メディア、ヘルスケアに経営資源を集中して、１００年以上続いた家電事業から撤退した。御手洗冨士夫社長時代のキヤノンは、プリンター、カメラ、半導体製造装置などの事業を選択し、液晶ディスプレイ、光ディスク、パソコンなどの事業から撤退した。川村隆会長兼社長時代の日立は、中核事業として情報通信や社会インフラを選択し、ハードディスク駆動装置や薄型テレビなどの事業から撤退した。

選択と集中戦略はプラスの効果を発揮することがあるが、同時に選択した事業に自社の命運が左右され、リスクが高まる面もある。ウェルチ氏の後任としてGEのCEOを務めたジェフリー・イメルト氏は、ウェルチ氏が選択した金融事業は利益率が低いという理由で撤退している。

選択と集中戦略に対して、特定の事業に集中せずに様々な事業を行ってリスクを分散するのが「プロダクト・ポートフォリオ・マネジメント」（PPM）である。「選択と集中」と「PPM」の各メリットとデメリットは、コインの表と裏の関係にある。このように、選択と集中もPPMも万能でなく、両者を併せ持つことが求められる。

変革を進めた企業を見ると、中核事業を「選択」してある程度経営資源を集中させるが、同時に他の布石を打って経営資源を「分散」させている例が多い。彼らの戦略を「選択と分散」と呼ぶことができる。戦略的パートナーとの協力によって選択した事業の成長を加速させ、他の分野でも長期の投資を行っている。

東レ
他社が音を上げるまで研究開発を継続

東レは、戦後ナイロンやポリエステルなどの化学繊維を開発し、高度経済成長期、花形だった繊維産業のトップ企業だった。日本の繊維市場は、1965年からの10年間で約2・7倍に急成長した。その後も成長は続いたが、市場規模は1991年にピークとなり、2010年代にはピーク比3分の1まで縮小した。

この期間、東レは、繊維素材で培った高分子化学などの「コア技術」を使って、様々なイノベーションを生み出した。1960年代前半に祖業であるレーヨン糸の製造をやめ、将来の事業の種を生み出すための基礎研究所を設立した。そこから生まれた成果として、1971年に炭素繊維『トレカ』の試験生産を開始し、1980年代に水浄化用の逆浸透膜や医薬品などの市場に進出した。

ただ、将来を展望すると苦境は続いた。対策としてイノベーションを実現するための人材育成などに取り組んだが、１９８５年のプラザ合意以降の繊維産業の不況もあってなかなか売り上げが伸びず、帝人や旭化成に株価で抜かれ、２００２年度はとうとう営業赤字に転落した。既に社長から会長職に転じていた前田勝之助氏（第２章参照）が急遽、ＣＥＯに復帰して、立て直しが図られた。

東レのイノベーションにとって重要なのは確固たるコア技術があることだ。他社が真似できないコア技術を持つ企業は、その技術を生かして新市場に参入することができる。

コア技術とは、ある事業を行うために「不可欠な技術」であり、「事業の中核」（コア）を形成する。企業は自社のコア技術を特許申請して、競合の参入を防ぐことが通常である。これに対して、周辺技術とは、製品を構成するために必要な補助的な技術である。例えば、半導体をシリコンウエハー上に作る技術をコア技術とすれば、製品に組み込むための回路技術が周辺技術になる。

コア技術を持つ企業にとって、周辺技術の企業は単なる契約相手というケースもあるが、様々学ぶ点が多い企業をパートナーにした方が事業の成長性が高まる。素材メーカーである東レのコア技術は、物質の構造・性質および相互反応などの「現象」を研究するため、「モノ」をイメージしにくい。その点、自動車や医療など「モノ」をイメージしやすい工学系の技術を持つ企業から学ぶことができる。

また、コア技術を新市場に応用する際、合成方法が変えられないなど実行段階で起きる課題に関して、周辺技術を持つ企業から解決策を得ることができる。さらに、消費者向けの製品を作っている企業から、他社との技術擦り合わせ方法を学ぶことができる。

素材メーカーである東レは、様々な用途を念頭に置いた基礎研究を行ってきたので、元々「技術融合・多様化」が効いており、それが強みだ。むしろ、収益に貢献する事業をいかに創るかが同社にとっての課題だった。

同社は、様々な分野の顧客企業と協力して、素材の用途開発と市場開発を進めた。その成功例として、米ボーイングと共同で「炭素繊維」を航空機材料用に開発したことと、ユニクロと共同で、保温・吸湿に優れた「機能性繊維」をタウンウェア用に開発したことが挙げられる。

50年以上もかけて高収益事業になった炭素繊維

東レとユニクロのパートナーシップは既に第2章で述べたので、ここではボーイングとのパートナーシップについて記載する。

東レの創業以来のコア技術は高分子化学である。同じ高分子材料（ポリマー）を１次元に伸ばせば糸に、２次元にすればフイルムに、３次元にすれば樹脂となる。繊維もプラスチックも同じ材料から作られており、共に糸を作る技術から発展してきた。

東レには、「超継続」という言葉があり、他社であれば音を上げるような長期間、研究開発を続ける伝統がある。炭素繊維はその代表例で、１９６０年代に本格研究が始まって以来、当初は釣り竿やテニスラケットなどに使って、少ないながらも利益を確保した。そうやって、開発費を捻出しながら、何と約50年もかけて高収益事業に育ててきた。

炭素繊維は、有機高分子や石油副生成物を高温で炭化させて作られる。この素材のメリットは、「軽くて強い」ことである。鉄と比較すると比重が4分の1、強度が10倍、比弾性率が7倍ある（東レのホームページによる）。また、摩耗しにくく、熱に強いという「夢のような」素材である。ただ、製造コストが高く、加工やリサイクルが難しいという欠点があり、事業化はしたものの、市場拡大はなかなか進まなかった。

炭素繊維の研究は１９５０年代の米国で始まり、当初は宇宙船製造に必要な耐熱性が高い材料として開発された。日本では、通商産業省工業技術院（現産業技術総合研究所）の進藤昭男博士による、「ポリアクリロニトリル」（ＰＡＮ）繊維という有機高分子を使った研究が最初だった。進藤氏が１９５９年に申請したＰＡＮ系炭素繊維の特許に東レが実施許諾を受け、それ以来開発が続いている古い技術である。

東レによる炭素繊維の商業生産は１９７０年代に始まったが、当初の主力だった釣竿やゴルフクラブなどの市場は必ずしも大きくなく、高収益化は容易でなかった。

炭素繊維の「軽くて強い」という特徴を他の事業に生かすことができないか、ずっと模索が続いた。風力発電のブレード（羽根の部分）に使うアイデアもあった。通常の物質は、強度が高くても大型化するとたわむが、炭素繊維はたわまないことがメリットで、長さ数十ｍのブレードにピッタリと思えた。ただ、風力発電プロジェクトは投資リターンを高くすることが最優先なので、ブレードが超大型化するまではコスト高の炭素繊維はなかなか使ってもらえなかった。

「糸」を航空機材料に利用して世界を変える

このように事業拡大に苦労した炭素繊維だが、米航空機メーカーのボーイングの機体に使われたことがターニングポイントになった。

ボーイングは、東レが開発した炭素繊維（『トレカ』）と樹脂の複合材料（ＣＦＲＰ：

Carbon Fiber Reinforced Plastic）の使用に興味を示し、東レの生産開始から間もない１９７８年にトレカを航空機材料に認定している。

ただ、炭素繊維は強度に優れるといっても、鋼鉄やアルミと違い、元々は「糸」である。ゴルフクラブならば折れても問題は限定的だが、飛行機の機体にヒビが入ったら、問題が格段に大きくなる。東レがボーイング向けに炭素繊維を供給し始めた頃、せいぜい、床材、ドア、尾翼のフラップなど、破損しても墜落の原因にならないような２次構造材料での利用が中心だった。

その後、この２次構造材料としての実績が認められ、１９９５年に『ボーイング７７７』の主翼、尾翼を含めた１次構造材料に初めて使用されることとなった。さらに１次構造材料での実績を積み重ねた結果、２００６年に両者は炭素繊維複合材料の開発と供給に関するパートナーシップ（第１期）を締結することになった。

この契約の中で、新型旅客機『ボーイング７８７』の１次構造材料として胴体と翼の大部分に炭素繊維が使用されることが発表された。ボーイング７８７は２０１１年に運航が開始され、飛行機の重量の50％以上に炭素繊維複合材料を使う世界初のケースであり、燃費は従来機より２割ほど改善された。

２０１５年には、『ボーイング７７７X』にもトレカを供給する新たなパートナーシップ（第2期）が結ばれた。発表によると、東レはボーイングに16年の長期間にわたって製品を供給する。両社の事業上の関係は１９７０年代から続いてきたが、新しい提携を機に炭素繊維はビッグビジネスとなり、東レ・ボーイングの第2期戦略的パートナーシップ期間の関連売上高は1・3兆円に達するとみられる。

ボーイングにも新素材を採用しなければならない切実な事情がある。新興国の経済成長に伴って、世界の航空機市場は成長が見込まれているが、課題もある。ボーイングの顧客である航空会社にとって、自社の業績が原油価格変動に影響される度合いを減らし、CO_2排出量を削

● 東レの事業開発

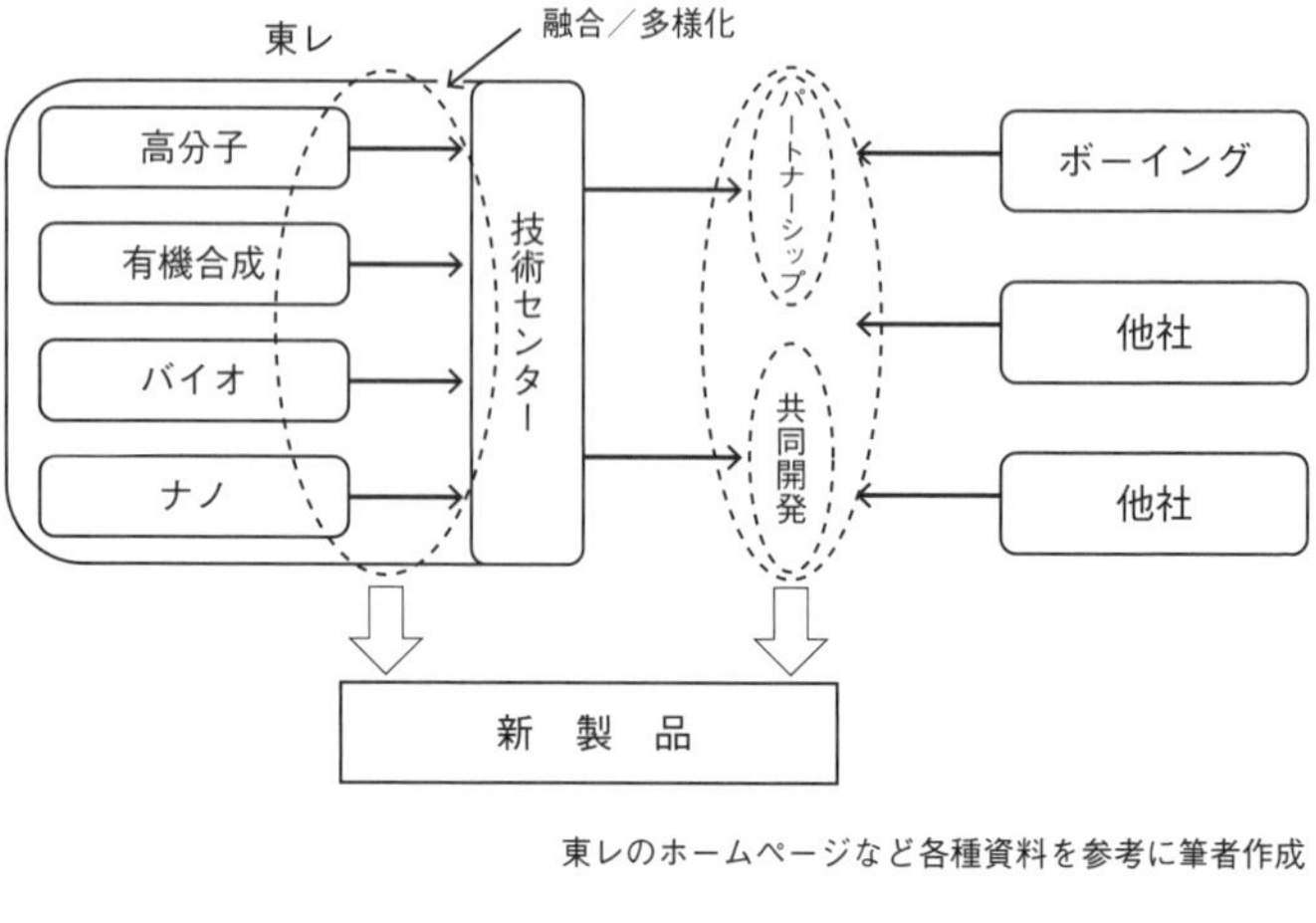

東レのホームページなど各種資料を参考に筆者作成

減する強いニーズがある。そのためには航空機の燃費を改善しないと、製品競争力がなくなる。燃費改善には機体を軽くすることが必要だが、同時に強度を落とすことができない。だから、炭素繊維への期待は大きい。

東レ社内で、１９８０年代から糸の強度を上げる技術開発が続いた。航空機に使用するには、衝撃が加えられてもヒビが入ってはいけない。そのためには、糸の原料、糸の編み方、原料である樹脂、微粒子を加えた衝撃緩和材など、多くの開発テーマをクリアしなければならない。

今後、製造コストが削減されれば、自動車、新幹線、燃料電池用の高圧水素タンクなどへの応用が考えられる。いずれも「軽くて強い」素材へのニーズが大きい。

日東電工
「勝ち馬」に乗り続ける

日東電工は、ビニルテープや絶縁材の生産が祖業だが、粘着剤を「塗る」「貼る」技術を磨いてきた。消費者向け製品を作らず、企業顧客に材料を提供することに専念し、多くの業界と取引する「分散」戦略を実践してきた。

同社最大の成功例である「偏光板」は、用途として「液晶ディスプレイ」を「選択」したことでもたらされた。

液晶ディスプレイ市場の世界的な成長は、ディスプレイが「薄く」「軽く」「安く」なり、画像が「美しく」なることでもたらされた。その過程で、日東電工などの偏光板メーカーが技術開発を続けてきたことが重要である。

液晶ディスプレイを用いる主要端末は、PC、テレビ、スマホなど、時代とともに変わり、端末のトップメーカーは栄枯盛衰を繰り返してきた。日東電工は、幅広い顧客と取引しながら、自社製品機能の複合化を進めてきた。そして、液晶ディスプレイという「変化が顕著な場」でPDCAを回し続けることによって、競争優位性を確保することができた。

化学や生物学分野の材料メーカーは、材料開発がそのままイノベーションにつながり、コア技術を作りやすい。したがって、研究開発予算を多くし、知財の取得にもこだわる。これに対して、材料を組み合わせて製品を作るメーカーの場合、技術のパートナー探しがより重要である。日東電工も、他社技術との組み合わせでイノベーションを目指してきた。

「三新活動」と「グローバルニッチトップ」を徹底

日東電工は、電気絶縁材の国産化を目的として1918年に創業された。初期の主要製品はビニルテープだったが、粘着技術や塗工技術などを生かして、電機、自動車、住宅、インフラ、環境、医療など極めて幅広い分野で事業展開している。

同社は消費者向け商品を作らず、企業顧客に材料を提供しているが、取引している業界は幅広い。大半の事業に、祖業のテープで培った「貼る」「塗る」技術の発展系が使われている。基礎研究に力を入れて「世界最高水準」の素材にこだわるのでなく、パートナー企業を増やして、事業出口を広くする戦略だ。

同社の経営戦略は「三新活動」と「グローバルニッチトップ戦略」で成り立っている。この2つの活動は、既存事業の改良に満足せず、会社全体で常にイノベーションに取り組むことを意味する。三新活動とは、新しい「技術」と新しい「市場」に取り組んで、新しい「需要」を掘り起こすことである。グローバルニッチトップ戦略は、小さくても世界トップを狙える製品に特化して性能を磨き、市場の成長とともに事業も成長させることである。

同社の「ニッチ」は一般的な意味の「隙間」とは異なる。日東電工にとってニッチ製品の条件は、「変化して成長している市場」を対象とし、自社の「差別化技術」が生かせ、自社が「優位性」を発揮できるの3点である。ニッチを目指して数多くの製品が開発されて、新陳代謝は激しい。同社の柳楽幸雄前社長によると「3割生き残れば十分」である。

三新活動が機能するには、社内に閉じこもるのでなく、社員は積極的に外に出て顧客に接することが必要である。同社関係者によると、顧客の声を聞きながら製品を磨くことが企業文化として根付いている。また、柳楽氏は2013年の雑誌インタビューにおいて、「グローバルニッチトップとなる条件はお客さんと接触して生まれる」と述べている。

新興国の成長に注目して新市場を開拓

三新活動とグローバルニッチトップ戦略の成功例として、肌に貼る医療テープの「経皮吸収型テープ製剤」と、水の浄化などに使われる「逆浸透膜」（RO膜）がある。いずれも、市場の変化に対応して、新しい需要を生み出すことに成功した。

同社の粘着剤は、包帯やガーゼを患部に固定する絆創膏テープに、長らく使われてきた。顧客の声を継続的に聞いた結果、「粘着剤に薬を練り込んだ商品を開発すれば、医療用テープで新たなニーズを掘り起こせるはずだ」という結論になった。

そして、製品化されたのが「経皮吸収型テープ製剤」である。今まで注射するしかなかった薬剤を貼り薬に加工できれば、患者の負担が下がる。「どうせなら粘着剤に薬剤を練り込むことができないのか？」と、同社社員がある医療関係者に聞かれたことが開発のキッカケだった。

同社はＲＯ膜でも世界トップを争っている。ＲＯ膜は水の浄化に使われるろ過膜の一種で、長年半導体製造で使われてきた。半導体工場では純度の高い水を大量に使うため、有機物、微粒子、気体などを水から取り除くＲＯ膜は必須である。

日本の半導体メーカーが世界シェアの大半を押さえていた時代は、日東電工のＲＯ膜事業も成長した。ところが、日本企業が韓国企業などに半導体のシェアを奪われると、それに伴って同社のＲＯ膜事業も伸び悩んだ。諦めずに三新活動を行って半導体に代わるものとして目をつけた市場が「水」だった。

２０００年代に入って新興国が経済成長し、中国、インド、中近東、アフリカなどで水不足が深刻になった。飲料だけでなく、農業、工業にもきれいな水の需要が増えているのに、川の汚染が進み、十分な量の水が供給できなくなった。

そこで、注目されたのが、海水を淡水化して産業用に使うことだ。極めて高い純度の水が必要な半導体に比べれば、一般工業用、農業用の水は、それほど高い純度は必要でない。海水の淡水化向けに、半導体用のろ過膜から仕様と価格を見直したＲＯ膜が開発され、日東電工はこの分野で世界トップクラスになった。

「変化が顕著な市場」に身を置いて成功

日東電工の三新活動とグローバルニッチトップ戦略の最大の成功は、液晶ディスプレイ材料の「偏光板」事業である。この市場は今や巨大になり、もはや小さな市場を対象とする「ニッチ」といえなくなった。

偏光板は、光の透過をコントロールして、液晶ディスプレイの表示を人の眼で見えるようにする光学フィルムである。偏光板がないとディスプレイは白く光るだけで、文字も画像も認識できない。また、偏光板は画面の美しさを左右するので、液晶ディスプレイになくてはならない材料である。

偏光板自体は多くのメーカーが作っており、価格競争が激しい。そこで、日東電工は独自の「塗る」「貼る」技術によって様々な素材を組み合わせて、偏光板に付加価値を与えている。

例えば、薄型ディスプレイの開発には、構成する部材を極限まで薄くしなければならないので、偏光板と液晶を薄く均等に貼り合わせる粘着技術が不可欠だ。また、液晶の画像を鮮明にする、透明性を高める、反射やぎらつきを抑える、視野角を広げるなど機能を複合させることによって、顧客ニーズに応えてきた。偏光板だけを作っているメーカーと比べた同社の競争優位はここにある。

偏光板は、電卓の液晶ディスプレイに使われたのが事業化の始まりで、１９９０年代から急成長した。ディスプレイを使用する端末は、電卓の後、ＰＣ、テレビ、スマホ、タブレットなどに広がり、今後は車載やウェアラブル端末が成長すると見込まれている。

また、端末の変化に伴い、液晶ディスプレイに求められる性能も変わってきた。大型化、小型化、薄型化といったディスプレイ・サイズへの対応はもちろん、「位相差」を利用して明暗のコントラストを変える、正面からだけでなく斜めからも見えるようにするなど、液晶だけではカバーできないことが、偏光板によって可能になった。

また、同社が長年光学性能や機械的特性を改良してきた透明導電フィルムは、近年用途が急増しているタッチパネル製造になくてはならない。さらに、車載ディスプレイには真夏の炎天下、車の室内気温が70度になっても変質しない材料が求められる。

このように市場で求められるディスプレイの特性は目まぐるしく変化して、環境変化に対応できないメーカーの淘汰が繰り返されてきた。日東電工が偏光板を納入するディスプレイメーカーの顔触れは、主力の端末がテレビからスマホやタブレットへ移る過程で大きく変わった。今後、車載やウェアラブル端末が成長すれば、トップメーカーの顔ぶれはさらに変わるだろう。

日東電工の偏光板開発の歴史を見ると、端末メーカーの勝ち組を見抜いて「勝ち馬」に乗っ

● 日東電工の事業開発

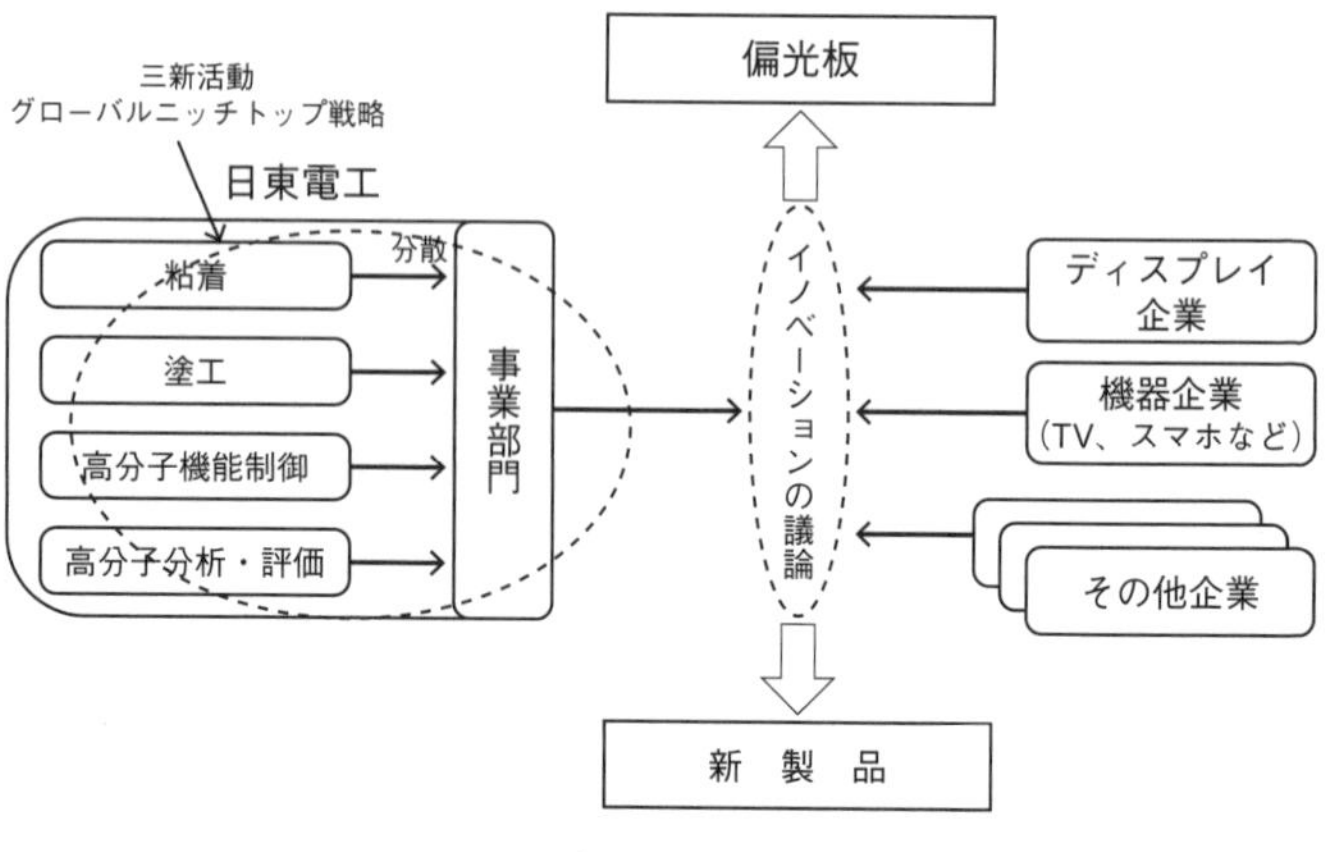

日東電工のホームページなど各種資料を基に筆者作成

ているように思える。しかし、同社関係者によると、勝ち馬に「賭ける」ことはしていない。変化が激しい液晶ディスプレイ市場の先行きを予測することはほぼ不可能なので、相手が勝ち馬かどうか考えず、幅広い顧客ニーズに地道に対応してきた。

ただ、地道な三新活動だけでなく、グローバルニッチトップの条件である「変化が顕著な市場」に身を置いてきたことが重要だ。液晶ディスプレイ市場はその典型で、常に製品改良の感度を磨かないと生き残れない。偏光板納入先の栄枯盛衰が起きても、日東電工はキャッチアップしている。

近年の変化として、市場が成熟して利益を出すことが難しくなった場合はモノ作りと同時に、他社にライセンスすることが行われている。同社は２０１７年、中国杭州市の杭州錦江集団などに、偏光板の生産技術を供与する契約を結んだ。期間は最大5年間で、ライセンス料は１５０億円が見込まれる。また、偏光板と液晶パネルを貼り合わせる特許も、他社にライセンス供与された。

サントリー

戦略的な研究テーマからブレない

サントリーは、ソフトドリンク、アルコール飲料、健康食品など、グループ全体で400種類以上の商品ブランド（輸入飲料を含む）を持ち、事業は極めて「分散」されている。ただ、「水と生きるサントリー」という企業メッセージが経営の最上位にあり、水によって「健康や美味しさ」を提供するという軸がある。

飲料の開発では経験も能力もある同社だが、他社の知見をオープンに取り入れて、大ヒット商品を生み出している。「特定保健用食品」（トクホ。有効性、安全性などの科学的根拠に基づいて消費者庁の許可を受けた食品）飲料の中で、日本一を続ける『特茶　伊右衛門』（特茶）がそうである。

「健康によく」て「美味しい」トクホ茶の開発

飲料業界は典型的な多品種少量生産の成熟産業で、売れない商品は新商品と入れ替えられ、消費者の目先を変えるマイナーチェンジも少なくない。ソフトドリンク、アルコール飲料の新商品開発をしても、消費者は舌が肥えており、新しい価値が伝わり難いという問題もある。

一方、高齢化に伴い、「健康を気にする」消費市場は成長分野であり、トクホなどの健康食品はイノベーションの場である。２０１７年のトクホ市場は約６６００億円だが、成長の余地は大きいといえる。

トクホ飲料で約50％のシェアを占めるサントリーの特茶は、この市場で数少ない成功例である。トクホは健康に良いかもしれないが、従来は「価格が高い」「美味しくない」ことが販売のネックだった。特茶は「苦くて渋くて美味しくない」という、消費者がトクホに持つ一般的なイメージを払拭したことが成功要因である。

ポリフェノールと医薬の研究蓄積を生かす

「美味しいトクホ」を開発できたのは、同社が、健康に良い植物成分の中でポリフェノールを「選択」して長年研究してきたことと、医薬品開発のノウハウを持っていたことが関連している。

特茶は、2013年の販売開始からわずか3年強で累積販売本数が10億本を突破した（同社による）。また、トクホ茶の中で4年連続で販売ナンバーワンの商品である（食品産業新聞社による）。

特茶は、「脂肪の分解」に着目して開発されたが、それはトクホ飲料として初めての試みだった。従来から、「お腹の調子を整える」「血糖値を調整する」トクホはあったが、試行錯誤の結果、「ケルセチン配糖体」という物質が決め手で脂肪分解が可能になった。「ケルセチン」はポリフェノールの一種で、漢方などに使われる「エンジュ」という落葉高木から採れる。

脂肪の分解に有用な素材の絞り込みの過程でケルセチンが浮上したが、当時学会で知られていたケルセチンの効能は、「抗酸化」「炎症を抑える」「血圧を下げる」などだった。ところが、ある研究員が「ケルセチンには体脂肪を減らす効果もあるはずだ」と閃いたのが開発のキッカケになった。当時、「体脂肪が減った」という研究成果はなかったが、脂肪分解促進やコレステロール低下などの作用は報告されていたからである。

当時の関係者によると、「これを使えば体脂肪を分解して減らす初めてのトクホ飲料が作れるかもしれない」と飲料開発チームは湧き立った。

特茶開発に先立つ２００６年、サントリーは『黒烏龍茶』というトクホを発売した。「油が多い食事と一緒に飲むと良い」ということでファン層を獲得したが、同社は、食事以外の場でも好まれる飲料を開発することを目標にしていた。

普段の飲料と変わらず日常的に摂取できてヒット商品になり得る素材の条件として挙げられるのは、「おいしい」「飲料の中で安定している」「水に溶ける」の3点だった。コストが高いもの、味に大きな問題があるものは最初から除外され、食品への使用経験があり安全性も確認されているもののうち、可能性がありそうな素材に絞って評価が進められてきたが、条件をすべて満たす素材はなかなか見つからない。

サントリーの事業開発

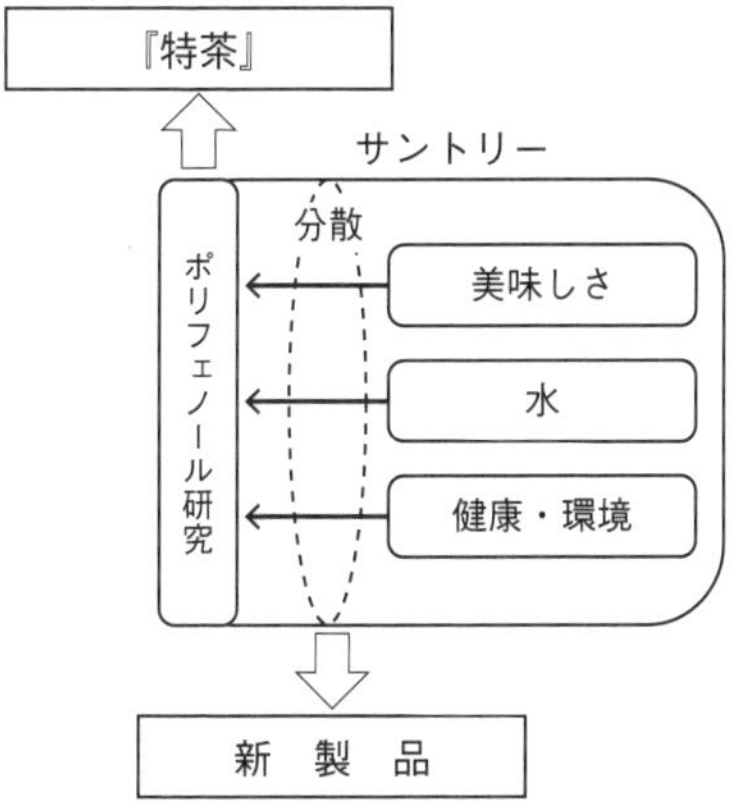

サントリーのホームページなど各種資料を参考に筆者作成

ケルセチンそのものは、「水に溶けにくい」という課題をなかなかクリアできなかったが、ケルセチンと糖を反応させた「ケルセチン配糖体」であれば、水に溶けやすくなった。また、素材がお茶の中でより安定するよう、ビタミンCの配合割合も変えられた。苦労して改良が続いたが、同社が同時にこだわったのは「味」だった。

サントリーが黒烏龍茶を発売する前に、花王が開発した『ヘルシア』という「脂肪を燃焼する」作用のトクホ緑茶がヒットしていた。ただ、ヘルシアは有効成分のカテキン（緑茶の渋みの主成分）が多く含まれており、お世辞にも美味しい飲料といえなかった。「美味しくなくても体に良い飲料なら売れるはずだ」という考えが背景にあったのかもしれない。これに対して、トクホであれ「美味く、普段の飲料のように毎日飲める商品」を作りたいということがサントリーの考えだった。

特茶の開発を可能にしたのは、サントリーにポリフェノール研究と医薬品開発ノウハウの蓄積があったことである。

「ポリフェノールの抗酸化作用を人々の健康維持・増進に役立てる」ことをテーマに、1987年からポリフェノール研究が本格化された。そして、1994年に「赤ワインのポリフェノールが動脈硬化を予防する」という研究成果を発表した。ケルセチンや黒烏龍茶の原料もポリフェノールの一種で、商品はいきなり生まれたのではなく、長年の研究蓄積の賜物だった。

また、サントリーには医薬品開発の蓄積がある。以前、医薬品子会社（現アスビオファーマ）を持っていたが、２００５年、持ち株をすべて第一製薬（現第一三共）に売却した。売却に伴い第一三共グループに移った研究者もいたが、サントリーグループに残った研究者も少なくなかった。開発面でトクホと医薬品は共通部分があり、そのことが特茶の開発を加速した。

特茶の成功にはマーケティング的な要因もあった。サントリーには『伊右衛門』というトクホでないレギュラー茶のヒット商品がある。特茶は伊右衛門の「トクホ版」として開発されたが、社内にはこのブランド戦略に反対意見があった。レギュラー茶とトクホ茶を同じブランドで並べると、ヒット商品であるレギュラー茶の売り上げにどのような影響があるか分からないからだ。

しかし、「消費者は機能でなくブランドで商品を選ぶ」という意見が勝り、トクホ版にも伊右衛門茶ブランドを使うことが決まった。俳優の本木雅弘さんを起用したテレビＣＭも、両者で違ったイメージを訴求している。

ダイキン工業

「モノ」ではなく「ソリューション」を売る

エアコンとITの組み合わせにより「快適な空間」を売る

ダイキン工業（ダイキン）は世界最大級のエアコン機器メーカーで、海外売上高比率が約77％（2017年度）のグローバル企業である。エアコン事業は、基礎研究に投資してコア技術を磨きながら、色々な技術を組み合わせて製品開発することが通常だ。

ダイキンが強い業務用エアコンは、オフィス、ロビー、通路、倉庫、サーバールームなど、建物のあらゆる場所に置かれているため、人が巡回してメンテナンスをすると、コストが高くなる。そこで、エアコンは以前からネットワークセンサーにつながり、故障チェックやパフォーマンス管理は遠隔で行われてきた。

近年ITなど異業種からエアコン業界に参入する例が増えている。エアコンメーカーの「お得意先」であるゼネコンや不動産企業も、エアコンメーカーのライバルになりつつある。ただ、新規参入者は、エアコンという「モノ」でなく「快適な空間」を売ることが多い。モノの販売だけでは差別化できてなくても、メンテナンスや付加サービスによって差別化が可能だからである。

従来ダイキンは、米キャリアや三菱電機などのエアコンメーカーと、品質や価格で競争をしていたが、競争条件が「快適な空間の実現」に変わっている。

異業種からの参入者は、エアコン市場の商習慣を理解しないと顧客から十分な対価を払ってもらえない。そのためのノウハウを獲得するため、異業種企業によるエアコンメーカーの買収が始まっている。例えば、米グーグルはＡＩ搭載のサーモスタットを開発した米ネストを買収し、制御機器メーカーである米ジョンソンコントロールズもメーカーを買収した。

ダイキンも競争環境変化に対応するため、２０１６年ＮＥＣとの提携を発表した。ダイキンのエアコン技術と、ＮＥＣのＡＩ、ＩｏＴによるオフィス管理技術を組み合わせて、快適な空間サービスを開発することが目的だ。また、情報科学分野で、大阪大学と10年間で56億円の包括連携を開始している。

ダイキンなどのメーカーは、サービス業やＩＴ企業との提携によって、異業種のイノベーションを学ぶことができる。例えば、業種によって商品開発のスピードは違う。モノ作り企業は「失敗は悪」と考えることが多く、それが新しいことへの挑戦を阻む。しかし、サービス・IT企業は「失敗から学び、素早く試行錯誤をする」ことを重要視する。

エアコン業界が顧客に快適な空間を提供することは重要だが、ダイキンはエアコン自体の機能改良や付加価値も変わらず重要と考えている。この開発を怠ると、エアコン企業はIT企業の下請けになってしまうからだ。

付加価値探求の例として、「ストリーマ放電」を活用したエアコンがある。

シャープ製のヒット商品『プラズマクラスター』は、ダイキンにとって強力なライバル商品である。ただ、この機器がうたっている「プラズマ放電」には機能的な限界が指摘されている。プラズマ放電は、イオンを室内で放出して家具やカーテンに付着したカビを取り除くことが売りだが、エアコンや加湿器のフィルターに溜まったカビの除去には利かないという研究結果がある。

ダイキンは、シャープ製品が克服できないこの課題に挑戦した。技術探索のうえ選択されたのは、「ストリーマ放電」の応用である。ストリーマ放電は、細菌、カビ、有害化学物質、アレルゲン物質などを除去する高速電子が生成される現象である。プラズマ放電より放電領域が広く、同社によると、細菌などを酸化分解する速度が通常の１０００倍以上になる。ただ、空気中に放出できないので、フィルターなどに吸い込んだ菌にしか効果がない。

大分大学などとの共同研究により、ダイキンは世界初のストリーマ放電を使ったエアコンを実用化した。『ストリーマ除菌ユニット』『ストリーマ脱臭ユニット』として販売されている。

自社技術と新興国の企業ノウハウを組み合わせる

ダイキンはグローバル化が進んでいる企業だが、売り上げの70％弱は先進国で上げている。アジアの売り上げ比率は30％に満たない（いずれも２０１７年）。新興国でのシェアを高めることが今後の課題だが、先進国で評価が高いダイキンの「インバータエアコン」は、低価格品が主流の新興国市場での販売が難しいのが現状だ。

インバータエアコンはモーターの回転数を可変制御する機能を持ち、同社によると通常のエアコンより消費電力を約58％削減できる。日本での住宅用インバータエアコン普及率は１００％近いが、海外ではほとんど普及しておらず、北米、中南米はほぼゼロ、中国は

7％に過ぎない（2008年、同社調べ）。

ただ、新興国でも「安ければ良い」という消費マインドは変わりつつある。省エネ規制が強くなり、平均所得が伸びているので、インバータエアコンもこれからは成長する余地がある。そのためには、新興国の市場を知ることが不可欠である。

同社テクノロジー・イノベーションセンターの河原克己氏によると、エアコンは国によって消費者が求める機能が違う。日本では省エネによる「電気料金が安い」「音が静か」「冷えすぎない」「壊れない」ことなどが重要視される。ところが、インドやシンガポールのような熱帯国では、ガンガンに冷えた空気が直接体に当たることが好まれ、エアコンから機械音がしないと、「あまり効いていない」と敬遠される。日本と全く逆だ。また、欧州では、地球温暖化により、従来不要だった夏場のエアコン需要が増えている。

デザインの好みもお国柄がある。欧州では、薄型でシックな色合いの製品が好まれ、中国では、過去には大型で真っ赤な機器が売れ、今でも比較的目立つデザインが好まれる。

ダイキンは、新興国市場をターゲットにして、従来と異なる思い切った施策を行った。2009年、中国広東省の珠海格力電器股份有限公司（珠海格力）と提携することを発表した。ダイキンが日本市場向けに販売する小型インバータエアコン生産の一部を珠海格力に委託し、グローバル市場において、共同開発・購買を行うという内容である。商品の企画・開発はダイキンが担当する。

中国企業との提携には、知財が相手に漏れるリスクがある。このリスクと引き換えに、旧式のエアコンで世界最大級の珠海格力から、新興国市場開拓ノウハウの獲得を目指している。

世界のエアコン市場は「モノ」を売る事業から「快適な空間」を売る事業に変化している。たとえリスクがあっても、市場とのつながりを持つことがイノベーションに不可欠である。

味の素
「他社との開発競争」という意識を捨てる

日本のがん検診の受診率は、米国、英国に比べて低い。特に女性の子宮頸がんの受診率は、米英の約80％に対して、日本は15％程度しかない（味の素ホームページより）。この背景には、がん検診の「手間がかかる」「敷居が高い」というイメージがある。検査が億劫なだけでなく、画像診断や腫瘍マーカーでは小さな腫瘍を判別できないし、1回の検診で1種類のがんしか診断できないという面倒もある。

不便な現状に対して、「精密検査の必要性を、手間をかけずにチェックできる」サービスを開発できれば、ニーズは大きい。

ただ、サービスが「医療行為」に分類されると、開発に長い年月と膨大なコストがかかる。そこで、「検査自体は医療行為でないが、医療検診を受けるべきか」が分かるサービスを作りたいが、規制をクリアすることは簡単でない。たとえ医療行為でなくてもチェック結果にある程度の信頼性が求められ、開発のハードルは低くないからだ。味の素は、この満たされていないニーズに注目した。

味の素が他社と共同開発した『アミノインデックスがんリスクスクリーニング』（AICS）は、この課題のソリューションになり得る。

AICSは、健康な人とがん患者の「血中アミノ酸濃度バランス」を統計的に比較解析することによって、がんのリスクを評価するツールだ。他にAICSに類似したツールもあるが、AICSは科学的なデータを基に開発されており、信頼性が高い。

AICS開発は、味の素が創業以来、「アミノ酸研究」を行ってきたことがベースにある。同社には、アミノ酸の膨大な研究データと高感度且つ短時間で分析できる技術があるが、自社だけでは、実用的なサービスとして形にすることは困難だった。そこで、味の素が持っていない技術を備えた複数企業に声をかけ、商品化を目指すことになった。

共同開発パートナーとして声をかけたのは、「液体クロマトグラフィ質量分析」（物質を成分ごとに分離する）技術の島津製作所、「試薬」技術の和光純薬、「臨床試験」ノウハウを持つＳＲＬ、「キューブクーラー」技術のカノウ冷機だった。

ＡＩＣＳは複数企業の技術の組み合わせによって実現した商品だが、きっかけ作りをして、イニシアティブを取ったのは味の素の研究チームだった。２００７年に社内研究チームによりアイデアが提案され、２０１１年にサービスが開始された。

同社は２０１１年から組織をオープンイノベーション仕様に変え、他社の知見を積極的に導入している。同社の尾道一哉常務執行役員によると、研究チームに「自分たちは他社と研究開発競争を行っているわけではない」と理解させることが重要である。他社と提携をする目的は、自社が持たない資源を他社から補う作業だと確認すれば、現場は反発しない。

DIC
やり尽くされた研究分野に新しい光を当てる

DICの旧社名は大日本インキ製造である。インキ製造からスタートした同社は、今では有機顔料、合成樹脂、機能製品、電子情報材料など多様な製品を開発している。「色素」が同社のコア技術の1つであり、これに社内外の技術を組み合わせて製品開発されている。

同社の主なターゲットである化学品市場は既に成熟しており、新しい市場を開拓する必要性は高い。ただ、色素の研究はほぼやり尽くされているので、それ以外の技術と組み合わせなければイノベーションは困難だ。例えば、色素と近赤外線を組み合わせて「目に見えない色を見えるようにする」技術開発がある。

同社R&D統括本部によると、色素と近赤外線を組み合わせた技術の用途開発を行ったが、新しい市場を探すことは簡単でなかった。最初は農業用シートへの利用が検討されたが、採算が取れそうもない。結局、この技術は付加価値が高い「医療ニーズ」に辿り着くが、それまで紆余曲折があった。この成果には開発担当者や共同研究パートナーの熱意と役員のサポート不可欠だった。

色素に関する医療ニーズとは次のようなものだ。手術や検査を行う際、医療器具を体内に挿入することがあり、医師が体内の状況を確認しやすくするため、造影剤を含有した器具が普及している。ただ、この手法は万能でない。例えば、子宮がんの摘出手術の場合、がんが周囲の組織と癒着していると脂肪に隠れた尿管の位置を把握するのが難しく、尿管を傷つけることがある。

そこで、造影剤を入れたカテーテル（細い管の医療器具）を使用し、尿管が見えるようにするが、長時間X線を照射するのは患者にとって危険である。患者のみならず、医師への負担も大きいことから、カテーテルの安全な確認方法が求められている。もし、X線を照射しなくても光るカテーテルを開発できれば、患者や医師は被曝がなく安全に手術を行うことができる。

この「カテーテルを光らせる」技術は、高知大学医学部と日本コヴィディエンの共同研究から生まれた。両者は、X線ではなく、患者にとって非侵襲（体内に器具などを挿入しないこと）である近赤外線を利用して、照射すれば光る物質を探したが、なかなか良い物質は見つからなかった。苦労の末、ある色素に辿り着いた。

「この色素を使ってカテーテルを作れば良い」と研究チームは色めき立ったが、今度は、この色素は熱に弱く、水溶性であるため樹脂に練り込むことができないという難題が待っていた。

たまたま、この悩みを聞いたDICの担当者は「うちの合成技術と分散技術が役に立つかもしれない」と閃いた。試行錯誤が続いたが、発光性が高い「近赤外蛍光樹脂」を開発した。この樹脂を使ったカテーテルは、既にブタを用いた模擬手術において有用性が確認されている。

また、樹脂を使った機器をがんの患部にクリップのように付ければ、患部がよく見えるようになり、手術のパフォーマンスが向上する。さらに、手術器具やガーゼ繊維の材料として使えば、体内に手術器具を置き忘れる事故を防止できる。

大和ハウス工業
ベンチャーとの提携は「勘が先で理論は後」と割り切る

土地オーナーの多様化したニーズへの対応

大和ハウス工業（大和ハウス）は、１９５５年にパイプハウスを創業商品として「建築の工業化」をスタートし、鋼管建築のさきがけとなった。近年事業構造が変化しており、戸建住宅事業の売上高は全体の10％に過ぎない。代わりに、「賃貸住宅」が27・１％、店舗・ショッピングセンター・ホテル建設などの「商業施設」が16・１％、工場・物流センターなどの「事業施設」が22・３％を占め、戸建住宅に取って代わった（いずれも２０１８年3月期）。

以前の建築業界は、宅地開発に合わせて家を建てる、都市開発に合わせてビルを建てるというシンプルなものだったが、近年、土地オーナーのニーズが多様化しており、「街づくり」「環境への配慮」「経済構造の変化」などの視点が必要とされる。

多様化した顧客ニーズに対応するにはイノベーションが必要だが、主要事業である建築は、安全安心、規制遵守が求められ、時間をかけて前例を踏襲しなければならない。

ただ、その企業文化がイノベーションの足枷となる。IoT、AI、ロボットなどの先端技術を使って、福祉、介護、物流、生活分野などで新規事業を作る際、優れたベンチャー企業と協力しなければならない。しかし、規制遵守と前例踏襲の意識が強すぎてゆっくりと仕事を進めれば、スピード重視のベンチャー企業と良いパートナーになれない。

同社は、新規事業と規制事業である建築を別枠にして、新規事業はトップダウンでスピーディに進めている。

樋口武男会長兼CEOは、ある講演で、同社事業のキーワードについて、「安全安心」「スピード・ストック」「福祉」「環境」「健康」「通信」「農業」の頭文字を取って、「ア・ス・フ・カ・ケ・ツ・ノ」（明日不可欠の）と表現している。安全安心は本業の建築事業で培われ、新規事業は外部との提携によってスピーディに進められている。

「土地情報」を集約して発見する事業機会

日本の住宅建築市場は、大手メーカーから中小の工務店まで乱立しているが、大和ハウスは積水ハウスと並んで最大手のメーカーである。１９５９年にプレハブ住宅の原点となる『ミゼットハウス』を開発し、賃貸住宅事業、流通店舗事業など様々な領域に進出した。今では全国の土地情報を集約して、顧客ニーズを組み合わせて事業を作っている。

住宅建築市場は環境が激変してきた。まず、戦後の復興期は住宅難だったため、粗悪なバラックや公団住宅などが大量に造られた。その後、高度成長期に住宅需要は急成長したが、建築用木材が不足した。

その時期に起きたイノベーションは「住宅の工業化」だった。伝統的な大工職人による木造建築から、プレハブ工法、合板、モルタル、鉄骨構造などに変わった。また、従来は現場で職人が削っていた資材を、工場で大量に加工する方式に変わった。

１９８０年代のバブル経済でも住宅需要は増加したが、「質より量」の時代が続き、手抜き工事や耐震構造への不安が続いた。バブル崩壊以降も、なかなか質の改良は進まなかったが、２００６年に施行された住生活基本法が状況を変えた。

法改正によって、住宅メーカーは「良質な住宅の供給」が義務付けられ、それまでの「造っては壊す」を改め、家の長寿命化や中古住宅市場の活性化に努めなければならなくなった。

これを機に、新築しても30年くらいしか持たないので中古住宅が敬遠される「新築神話」が変わり始めた。同じ土地で何度か建替えしてもらえるから、新築神話は住宅メーカーにとって都合が良かった。しかし、法改正と若年人口減少が重なり、住宅メーカーは新築需要に頼るだけでは生き残れない時代になった。土地オーナーのニーズが変化し、住宅着工件数がピークから約4割も減少したからだ。

大和ハウスも環境変化への対応を続け、「明日不可欠の」ものを作る方針が2002年に打ち出され、新規事業創出のキーワードとして全事業部が取り組むことになった。

それに伴い、発想の枠は「住まい」「土地活用」「ビジネスソリューション」に広げられた。同社の強みは、全国津々浦々の土地オーナーと長年取引して、様々な「土地情報」のネットワークを持つことである。土地は単なる不動産でなく、「経済の情報源」であり、集約された情報を組み合わせて、様々な事業機会を提供できる。

住宅オーナーとの結び付きが強いと、建替え、リフォームニーズが予測できる。その過程で、家事、子育て、介護に関する顧客ニーズを拾い上げれば、商品開発に生かすことができる。

また、工場の閉鎖や土地の再活用を考えている顧客から相談を受ければ、物流拠点を探している顧客ニーズと組み合わせることができる。さらに、テナントが減ったビルオーナーから相談を受ければ、観光ホテル開発ニーズとの組み合わせが可能だ。

大和ハウスは、公共の建物は扱わず、企業、個人のニーズに応えることで強さを発揮する。この際、土地オーナーのネットワークがあれば、様々な「明日不可欠の」ものが見えて、ソリューションを提供できる。

トップダウンによるベンチャー企業との提携

同社の樋口氏は、ある講演において「大和ハウスはベンチャー（中小）企業だ」と語っている。売り上げが３兆８０００億円に迫る企業を「ベンチャー（中小）企業」と称するのは違和感あるが、世界的に見ればさらに巨大な企業が多く、これは「スピード感を持って仕事をしないと生き残れない」というメッセージと思われる。

顧客の課題に対して自社でソリューションを作ることが難しい場合、積極的に外部の技術を導入している。福祉の分野では、２０１７年に東北大学発ベンチャー企業のＴＥＳＳに出資した。この企業は片足でペダルを漕いで移動できる車椅子を開発している。

また、筑波大学発ベンチャーであるサイバーダイン（２０１４年３月上場）に出資し、同社開発のロボットスーツ（ＨＡＬ）をリース販売している。スーツに設置されたセンサーが、筋肉が発する微弱な信号を検知し、体の動きをアシストする。腰を痛めやすい理学療法士の作業サポートから始まり、運動機能が低下した高齢者の歩行アシストへの活用が期待されている。２０１８年7月の西日本豪雨の被災地において、片付け作業をするボランティアがＨＡＬを装着したことで注目された。

さらに、洗濯物を自動で畳んでタンスにしまってくれる機器開発のセブン・ドリーマーズ・ラボラトリーに２０１６年に出資した。インド企業から物流施設内で荷物を自動搬送するロボットの導入も決まった。倉庫管理システム、物流ロボット、物流リソース最適化システムを組み合わせて、人手不足が顕著な物流の改革を目指している。

樋口氏は「これで良いのか」ということを問いかけ、現状よりも「今一歩踏み出せ」と社員に求めている。ベンチャー企業との提携は「先の先」を読み、「勘が先で理論は後や」の創業者の教えを具現化している。

ベンチャー企業との提携はスピードが肝要なので、組織によるコンセンサスだけでなくトップダウンの意思決定が不可欠である。同時に、現場がベンチャー企業のカルチャーを理解して、彼らの強みを引き出さなければならない。

おわりに

世の中「イノベーション流行り」である。それなりの企業経営者であれば「当社はイノベーションに興味はない。今儲かっている事業を繰り返して行けばよい」と言明する人は、まずいないだろう。

また、「当社は自前主義をやめる。これからはオープンイノベーションの時代だ」と明言する経営者も少なくない。政府の『オープンイノベーション・ベンチャー創造協議会』には、約800社の錚々たる企業が加盟している。

ただ、経営者がオープンイノベーションにコミットしても、それだけでは組織は動かない。現場が会社の理念を理解して自発的に考えなければならないが、自前主義が長年染み付いた組織は、なかなか掛け声通りに動かない。そこで、具体的な行動によってイノベーションを目指す「施策」が数多く打ち出されている。

オープンイノベーションのための施策として近年よく行われているのは、「アイデアソン」「マッチング」「アクセラレーション」「コーポレートベンチャーキャピタル」（CVC）などの手法である。

「アイデアソン」は「アイデア」と「マラソン」を組み合わせた造語である。特定のテーマを議論するために様々な分野の人が集まり、最新のIT技術をどうやって事業化するかなど、回を重ねてアイデアをブラッシュアップするイベントである。アイデアソンの成果を基に、ITエンジニアが短時間でアプリケーションを作り、革新性を競うのが「ハッカソン」である。これらはIT分野が起源だが、最近はメーカーなど他の業種でも活用されている。

「マッチング」イベントは企業同士の「お見合い会」である。技術や製品が優れた潜在的パートナーを見つけたいが、膨大な数の候補企業から探索しなければならないので、徒手空拳では効率が悪い。そこで、世界中の大学やベンチャー企業の研究内容をデータベース化して提供するサービスや、ベンチャー企業が連続登壇して大企業が彼らを「品定め」できる、参加者数十人から数千人のイベントが増えている。

「アクセラレーション」は日本語で「加速」という意味である。ベンチャーキャピタル（VC）から投資を受けるに至らない未熟なアイデアに、事業経験豊富なメンター（指導者・助言者）を付けて、短期間で事業を立ち上げる仕組みである。アイデアや情熱があっても経験がない起業家は、アクセラレーションによって事業化の時間を短縮できる。提携パートナーの大企業にとってもメリットがある。また、リクルートが典型例だが、大企業内で社員のアイデアを形にする場合もこの手法が使われている。

「コーポレートベンチャーキャピタル」（ＣＶＣ）は、メーカーやサービスなどの事業会社が、ファンドを組成して複数のベンチャー企業へ投資する仕組みである。一般的なＶＣは投資リターンを高めることを最優先するが、ＣＶＣは、リターンより投資先ベンチャー企業とのシナジーや情報収集を優先するという違いがある。

オープンイノベーションでは、これら４つの施策を組み合わせて実行されることが多い。本気で取り組んでいる企業、お試しで始めてみた企業、株主へのアピールが目的の企業など、各社事情は様々である。

共通して言えることは、これら施策は決して「魔法の杖」ではないことだ。施策がうまく進んで、技術情報・アイデアを集めて事業の卵に仕上げることができても、イノベーションの成果に到達するまで、何段階ものステップが待っている。

小手先の施策では新しいものは生まれず、本書が指摘する「組織をオープンにする」⇓

「知のダイバーシティを推進する」⇒「あえてダブルスタンダードで進む」⇒「プラットフォームを進化させる」⇒「事業出口を柔軟に探す」という長期のステップを必ず踏まなければならないことを、企業は再認識すべきだ。

謝辞

「はじめに」に記載した通り、本書の執筆にあたって、51社、数百人の方々からお話を伺った。貴重な情報・意見をご教示いただいた諸氏に、この場を借りて深く御礼を申し上げたい。長時間のインタビューに応じていただき、また、私の文章が適切か社内チェックの労をとっていただいた次の諸氏には、お名前を挙げて特別に御礼申し上げたい。（お名前五十音順、役職は２０１８年7月現在）

麻生要一氏　ゲノムクリニック　代表取締役、元リクルートホールディングス新規事業開発室長
生島直也氏　ＤＩＣ　Ｒ&Ｄ統括本部　オープンイノベーション推進グループ　グループマネジャー
池端正一氏　大和ハウス工業　副理事　技術本部総合技術研究所　研究統括室部長
諌山滋氏　三井化学　監査役・前代表取締役専務執行役員

尾関雄治氏　東レ　オートモーティブセンター　主幹
尾道一哉氏　味の素　常務執行役員
河原克己氏　ダイキン工業　テクノロジー・イノベーションセンター　副センター長
貴島誠一郎氏　ＴＢＳテレビ　制作局プロデューサー
小島健嗣氏　富士フイルム　イノベーション戦略企画部 Open Innovation Hub 館長
昆政彦氏　スリーエムジャパン　代表取締役副社長執行役員
残間光太朗氏　ＮＴＴデータ　オープンイノベーション事業創発室長
新谷卓司氏　神戸大学大学院科学技術イノベーション研究科特命教授、前日東電工メンブレン事業部　開発部部長
武田志津氏　日立製作所　研究開発グループ技師長
寺本貴則氏　サントリー食品インターナショナル　ジャパン事業本部　商品開発部　開発主幹
松﨑正年氏　コニカミノルタ　取締役会議長・前取締役兼代表執行役社長
峰岸真澄氏　リクルートホールディングス　代表取締役社長兼ＣＥＯ
野路國夫氏　小松製作所　取締役会長

Reuters（2014）「東レがボーイング「777X」主翼にも炭素繊維供給、米に工場」
https://jp.reuters.com/article/toray-boeing-idJPKCN0J10JD20141117
TBS（2014）「LEADERS リーダーズ」
http://www.tbs.co.jp/LEADERS2014/
TBS（2017）「LEADERS Ⅱ リーダーズⅡ」
http://www.tbs.co.jp/LEADERS2017/
Works（2012）「野中郁次郎の成功の本質-アスタリフト/富士フイルム」
https://www.works-i.com/pdf/w115-seikou.pdf

ユニクロ（2011）「ヒートテック着用実態調査」
https://www.fastretailing.com/jp/ir/library/pdf/presen110825_survey.pdf
流通ニュース（2017）「ユニクロ/「ヒートテック」累計販売枚数が10億枚突破」
https://www.ryutsuu.biz/topix/j092516.html
Business Insider（2017）「4年目迎えるソニーの新規事業「SAP」問われる実績 ――「wena wrist」「toio」の先には何がある?」
https://www.businessinsider.jp/post-104259
Business Journal（2014）「富士フイルム、なぜ写真事業消滅の危機から構造転換成功?　ヘルスケア1兆円への挑戦」
http://biz-journal.jp/2014/07/post_5465.html
Business Journal（2018）「なぜコマツは、脱中国に成功し完全復活できたのか…世界最先端IT企業の実像」
http://biz-journal.jp/2018/03/post_22744.html
DIC（2015）「画期的な近赤外蛍光樹脂材料の開発及び、近赤外光を応用した手術ナビゲーション技術の開発」
http://www.dic-global.com/ja/release/2015/20150421_01.html
DODA（2015）「建設機械に革命をもたらした「KOMTRAX（コムトラックス）」誕生の足跡　コマツ」
https://mirai.doda.jp/series/future-company/vol1/
ILS（2015）「大和ハウス10兆円企業への挑戦とベンチャー提携戦略」
https://www.dreamgate.gr.jp/InnovationLeadersSummit/report/201409/report-speech-bc.php
IT Media（2016）「「発想はベンチャー、やることは大企業」――ソニーが作ったイノベーションの芽を育てる仕組み」
http://www.itmedia.co.jp/lifestyle/articles/1606/06/news074.html
MONOist（2016）「加速するコマツのIoT戦略、「顧客志向」が成功の源泉に」
http://monoist.atmarkit.co.jp/mn/articles/1612/02/news017.html

日経ビジネスオンライン（2014）「「運命共同体」だが2社では足りないーファストリの柳井社長が語る、東レの強さと課題」
http://business.nikkeibp.co.jp/article/report/20141024/272987/
日経XTECH（2017）「オープンイノベーションが不可欠な時代　味の素」
https://tech.nikkeibp.co.jp/dm/atcl/column/15/092100068/050200025/?ST=SP
日本経済新聞（2017）「コマツ、建機のIT化から見える自動運転の未来」
https://www.nikkei.com/article/DGXMZO21254350Z10C17A9000000/?df=2
ニュースイッチ（2016）「2055年に売上高10兆円を夢見る大和ハウスの「過去」「現在」「未来」」https://newswitch.jp/p/5507
発明協会（2018）「戦後日本のイノベーション100選」
http://koueki.jiii.or.jp/innovation100/
ハーバード・ビジネス・レビュー（2013）「日東電工から学ぶ事業領域の持続的拡大」
http://www.dhbr.net/articles/-/2172
フォーブス・ジャパン（2015）「富士フイルムの新規事業戦略を支えた男　戸田雄三の信念」
https://forbesjapan.com/articles/detail/2803
フォーブス・ジャパン（2016）「「社外人材」が変革エンジン!コニカミノルタの新規事業創造」
https://forbesjapan.com/articles/detail/13904
フォーブス・ジャパン（2016）「ソニーの新規事業創出プログラム、SAPの背景には何があるのか?」
https://forbesjapan.com/articles/detail/13245
プレジデント・オンライン（2012）「東レ、クラレ最高益!「繊維復活」は本当か?」
http://president.jp/articles/-/6934
プレジデント・オンライン（2015）「土曜朝の「部門横断レポート」で、超省エネ商品開発へ――ダイキン工業 小泉 淳」
http://president.jp/articles/-/14333

参考資料

セブン&アイ・ホールディングス（2017）「特集 セブンプレミアム10周年 プライベートブランドを超えたクオリティブランドへ」
https://www.7andi.com/company/challenge/2685/1.html
中日新聞（2016）「国内繊維・アパレル産業の衰退過程」
http://chuplus.jp/blog/article/detail.php?comment_id=5418&comment_sub_id=0&category_id=559
ダイキン工業（2016）「ダイキン工業が挑戦する未来の空気ビジネス」
http://www.kansai.meti.go.jp/2-7it/downloadfiles/IoT_BusinessForum20160530/2_daikin_tokubetsuhoukoku.pdf
ダイキン工業（2018）「インバータ　ダイキンの空気の技術」
www.daikin.co.jp/air/tech/heatpump/summary/
東洋経済オンライン（2013）「日東電工はなぜトップシェア製品が多いのか」
https://toyokeizai.net/articles/-/20679
東洋経済オンライン（2014）「ダイキン、「虎の子」中国事業戦略を転換　格力電器への生産委託を縮小」
https://toyokeizai.net/articles/-/43625
東洋経済オンライン（2017）「パタゴニア、アークも認めた!東レの「技術」–先端繊維を武器にアウトドア分野で存在感」
https://toyokeizai.net/articles/-/159286
トヨタ自動車（2012）「トヨタ自動車75年史」
https://www.toyota.co.jp/jpn/company/history/75years/index.html
日経トレンディネット（2016）「社内公募で未踏分野へ、変革するソニーのものづくり」
https://style.nikkei.com/article/DGXMZO02203210S6A510C1000000

ジェフリー・ロスフィーダー、(2016)『日本人の知らないHONDA』海と月社
玉田俊平太（2015)『日本のイノベーションのジレンマ』翔泳社
西田宗千佳（2016)『ソニー復興の劇薬 SAPプロジェクトの苦闘』KADOKAWA/アスキー・メディアワークス
日経産業新聞編（2016)『SONY 平井改革の1500日』日本経済新聞出版社
ニッセイ基礎研究所 不動産投資チーム（2013)『不動産ビジネスはますます面白くなる』日経BP社
日本経済新聞社編（2015)『リクルート 挑戦する遺伝子』日本経済新聞出版社
根来龍之（2017)『プラットフォームの教科書　超速成長ネットワーク効果の基本と応用』日経BP社
野中郁次郎、勝見明（2004)『イノベーションの本質』日経BP社
馬場 マコト、土屋洋（2017)『江副浩正』日経BP社
樋口武男（2010)『先の先を読め』文春新書
樋口武男（2013)『凡事を極める——私の履歴書』日本経済新聞出版社
富士フイルムホールディングス（2016)『イノベーションによる新たな価値の創造　富士フイルムの挑戦』日本経済新聞出版社
ヘンリー・チェスブロウ、栗原潔（訳）(2007)『オープンビジネスモデル　知財競争時代のイノベーション』翔泳社
ヘンリー・チェスブロウ（2012)『オープン・サービス・イノベーション』CCCメディアハウス
松崎正年（2015)『傍流革命』東洋経済新報社
森稔（2009)『ヒルズ 挑戦する都市』朝日新書
山岡宗康、山崎聡、井上悟郎、緒續士郎（2015)『三井化学における先進材料開発』日本ロボット学会誌 Vol. 33 No. 5, pp.325~328
A.G.ラフリー、ラム・チャラン、斎藤聖美（訳）(2009)『ゲームの変革者—イノベーションで収益を伸ばす』日本経済新聞出版社
ITと新社会デザインフォーラム（2013)『ITプロフェッショナルは社会価値イノベーションを巻き起こせ』日経BP社

参考文献

井上正弘、佐藤眞次郎、久野康成（2016）『リーディングカンパニーシリーズ　東レ改訂版』出版文化社
井上礼之（2011）『人の力を信じて世界へ―私の履歴書』日本経済新聞出版社
岩田研一（2015）『「ビル」を街ごとプロデュース――プロパティマネジメントが ビルに力を与える』ダイヤモンド社
上阪徹（2015）『なぜ今ローソンが「とにかく面白い」のか?』あさ出版
緒方知行（1990）『セブン-イレブン流通情報戦略』三笠書房
緒方知行・田口香世（2014）『セブン-イレブンだけがなぜ勝ち続けるのか』日経ビジネス人文庫
唐池恒二（2016）『鉄客商売』PHP研究所
唐池恒二（2011）『世界から集客!　JR九州・唐池恒二のお客さまをわくわくさせる発想術』ぱる出版
川村隆（2015）『ザ・ラストマン 日立グループのV字回復を導いた「やり抜く力」』角川書店
ケヴィン・ケリー、服部桂（訳）（2016）『〈インターネット〉の次に来るもの 未来を決める12の法則』NHK出版
木暮雅夫（2012）『デジタルカメラ時代の雇用と職場の変化』経済科学研究所 紀要 第 42 号
小板橋太郎（2014）『異端児たちの決断 日立製作所 川村改革の2000日』日経BP社
小林三郎（2012）『ホンダ イノベーションの神髄』日経BP社
古森重隆（2013）『魂の経営』東洋経済新報社
酒井崇男（2016）『トヨタの強さの秘密 日本人の知らない日本最大のグローバル企業』講談社現代新書
坂根正弘（2011）『ダントツ経営――コマツが目指す「日本国籍グローバル企業」』日本経済新聞出版社
坂根正弘（2015）『ダントツの強みを磨け』日本経済新聞出版社

尾崎弘之（おざき・ひろゆき）

神戸大学大学院科学技術イノベーション研究科教授

1984年東京大学法学部卒業、1990年ニューヨーク大学MBA、2005年早稲田大学アジア太平洋研究科博士後期課程修了、博士（学術）。

1984年野村證券入社、ニューヨーク現地法人などに勤務。モルガン・スタンレー証券バイス・プレジデント、ゴールドマン・サックス投信執行役員、複数のベンチャー企業の立ち上げ・経営に携わり、2005年東京工科大学教授、2015年から神戸大学教授。専門はベンチャー経営、オープンイノベーション 。経済産業省、環境省、沖縄県、経済同友会などの委員を務める。

著書に『再生可能エネルギーと新成長戦略』（エネルギーフォーラム）、『次世代環境ビジネス』（日本経済新聞出版社）、『環境ビジネス5つの誤解』（日経プレミアムシリーズ）、『社会変革期の成長戦略――グリーンラッシュで生まれる新市場を狙え』（日経BP社）、『『俺のイタリアン』を生んだ男「異能の起業家」坂本孝の経営哲学』（IBCパブリッシング）、『「肉ひと筋」で、勝つ『いきなり!ステーキ』と一瀬邦夫』（集英社）などがある。

新たなる覇者の条件
なぜ日本企業にオープンイノベーションが必要なのか?

2018年9月10日　第1版第1刷発行

著　者　尾崎弘之
発行者　村上広樹
発　行　日経BP社
発　売　日経BPマーケティング
〒105-8308 東京都港区虎ノ門4-3-12
http://www.nikkeibp.co.jp/books/

装　丁　遠藤陽一
制　作　朝日メディアインターナショナル
編　集　長崎隆司
印刷・製本　シナノ

ISBN 978-4-8222-5579-4

本書籍に関するお問い合わせ、ご連絡は下記にて承ります。
http://nkbp.jp/booksQA